大学体育文化与运动训练研究

陈荣浩　赵彩存　王　耐　著

吉林摄影出版社
·长春·

图书在版编目（CIP）数据

大学体育文化与运动训练研究/陈荣浩，赵彩存，王耐著. --长春：吉林摄影出版社，2024.10.

ISBN 978-7-5498-6526-0

Ⅰ.G807.4；G808.1

中国国家版本馆CIP数据核字第2024J2G586号

大学体育文化与运动训练研究

DAXUE TIYU WENHUA YU YUNDONG XUNLIAN YANJIU

著　　者：陈荣浩　赵彩存　王　耐
出 版 人：车　强
责任编辑：罗　晗
开　　本：787mm×1092mm　1/16
字　　数：131千字
印　　张：9.75
版　　次：2024年10月第1版
印　　次：2024年10月第1次印刷

出　　版：吉林摄影出版社
发　　行：吉林摄影出版社
地　　址：长春市净月高新技术产业开发区福祉大路5788号
邮编：130118
电　　话：总编办：0431—81629821
发行科：0431—81629829
印　　刷：北京银祥印刷有限公司

ISBN 978-7-5498-6526-0　　　　定　价：65.00元

版权所有　侵权必究

前　言

随着我国高等教育的不断发展，体育教育和体育文化作为高等教育的重要组成部分，作为培养德、智、体、美、劳全面发展人才必不可少的重要内容，越来越受到学界和高校管理者的重视。在当今高等教育蓬勃发展的背景下，大学体育作为其中的重要组成部分，其价值和意义日益凸显。大学体育不仅关乎学生的身体健康，更在塑造学生精神品质、培养团队协作能力和促进校园文化建设等方面发挥着不可替代的作用。

大学体育文化是在大学特定的环境中，通过师生长期的体育实践活动所形成的价值观念和行为规范的总和。丰富而积极向上的大学体育文化能够营造良好的体育氛围，激发学生对体育的热爱，增强学生的归属感和认同感。科学合理的运动训练计划可以有效挖掘学生的运动潜力，提升他们的运动技能和身体素质。同时，运动训练也是将体育文化理念付诸实践的重要环节，通过训练过程中的团队协作、拼搏精神等，展现和弘扬体育文化。

为确保本书的准确性和严谨性，笔者在撰写本书的过程中参阅了大量文献和专著，在此向其作者表示感谢。由于笔者学识有限，书中难免存在错误和疏漏之处，恳请广大读者批评指正。

目 录

第一章 大学体育文化概述 … 1
第一节 大学体育文化的结构及内容 … 1
第二节 大学体育文化的特征 … 6
第三节 大学体育文化的功能 … 12
第四节 大学体育文化的发展 … 20

第二章 大学体育文化育人模式及其有效路径 … 27
第一节 大学体育文化育人的本质与特征 … 27
第二节 大学体育文化育人功能的表现 … 31
第三节 大学体育文化育人的研究路径 … 37

第三章 大学体育运动训练的理论 … 40
第一节 大学体育运动训练的基础 … 40
第二节 大学体育运动训练的原则 … 60
第三节 大学体育运动训练的要素 … 65

第四章 体育运动项目的训练方法实践 … 88
第一节 球类运动项目的训练方法实践 … 88
第二节 田径运动项目的训练方法实践 … 100
第三节 塑身运动项目的训练方法实践 … 113

第五章　体育运动训练的创新……………………………119
　第一节　大数据时代运动训练的数字化监控……………119
　第二节　新媒体时代运动训练模式的创新………………133
　第三节　虚拟技术在运动训练领域的创新………………138

参考文献……………………………………………………147

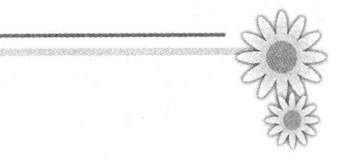

第一章 大学体育文化概述

第一节 大学体育文化的结构及内容

一、大学体育文化的结构

许多学者将校园体育文化划分为体育物质文化、体育制度文化、体育行为文化和体育精神文化。根据文化的结构,由表及里的进行分析。首先是物质文化层,它是指人们通过加工创造对自然的改造;其次是制度文化层,它是指人们在社会实践中形成各种规范;再次是行为文化层,它是指人们约定俗成的习惯;最后是精神文化层,它是指人们在长期的实践以及意识活动中各种价值观念等因素,其中,精神文化层是文化最核心的部分。

在大学体育文化结构中,校园体育文化精神蕴含着文化主体的认知成分、情感成分、价值成分、理想成分,其中的体育观念、体育精神又是大学体育文化活动中最活跃的因素,决定着大学体育文化的行为表现效果,决定着大学体育文化传统的形成和文化走向,体现着文化主体的主观愿望和文化品位。因此,大学体育文化精神的培养、塑造和传承将是大学体育文化建设的核心和难点。

二、大学体育文化的内容

体育文化的物质、精神、制度和行为文化层虽各有重点,但在特定的系统中则融为一个有机的整体。体育文化的各层次之间既有联系但更多的是区别,而各层次间有依存、渗透、制约、推动的作用,由内到外逐步深入构成一个有机的整体。

(一)大学校园体育精神文化的内容

校园体育精神文化形态是校园体育文化的灵魂所在。校园体育精神文化形态主要反映在体育的价值观念、体育的态度、道德风尚、知识等方面,涉及学生的理想追求、观念转变、道德修养、人格塑造、行为自律、纪律约束等各个方面。它一经形成,就成为校园的向心力和凝聚力,具有明确的指向性,影响和规范每个学生的思想和行动,决定他们的价值取向和思想品质的形成,并成为激励学生奋发向上的精神力量。它是师生员工在从事体育活动时从其所特有的生活方式中体现出来的思维活动和共同的心理状态,是师生员工在长期教学、学术、训练、健身、工作、生活等方面实践中逐步形成和发展起来的,成为师生自觉认同的群体意识。我们可以从校际间、院系间、班组间的比赛就可以明白一切。它以体育思想观念体系和价值体系表现出来,是一种氛围,一种软环境。

因此,强化和弘扬良好的体育精神文化是校园体育文化建设的核心和宗旨。

(二)大学校园体育制度文化的内容

校园体育文化制度是指在体育教学、娱乐、竞赛等活动中要求学生共同遵守的规程、行动准则等文化体系,它是在体育教学实践中形成和发展起来,并通过条文固定下来的。它具有高度的科学性、权威性、概括性和规范性等基本特征。它是衡量教学质量、运动水平的主要标志。它能引导学生在约定的规则下进行体育比赛和竞争较量,有利于培养学生遵章守纪的行为习惯,加强道德培养。

大学校园体育文化制度具体包括以下内容:一是大学校园体育组织机构。校园体育组织机构是管理、组织、运行校园体育文化活动的学校行政单位,它是监督、执行学校相关体育规章制度的机构,具有教育、管理职能。二是大学体育制度法规文件,包括体育教学、课余体育活动、运动训练与竞赛、体育科研、体育社团、体育交流、体育师资等全方位制度、方法的确立。它既有国家层面的政策性文件,又有学校层面的体育规章制度。三是大学校园体育传统。体育传统是学校在体育方面逐渐形成并带有普遍性、重复出现、相对稳定的蕴含学校文化精神、独具特色的体育文化形态,它具有教育、导向、规范和激励的作用。各个学校的类型、规模、办学条件、师生结构、地理环境等的差异决定了传统体育的创新和个性特征。四是大学校园体育风俗习惯。这种风俗习惯在大学校园中是一种隐形的规则,这种规则并不是由管理者制定的,也没有强制的约束力,而是由体育文化受众自己建立的,用来协调互相之间的关系和利益。大学体育风俗习惯具有学校特点和群体特色,它是某一群体对某种体育行为的约定俗成的经验或规则。

校园内体育文化受众的行为被大学体育制度比较严格的规范着,有利于校园整体体育行为的稳定。因此,大学体育制度犹如一个模具,它引导和规范着大学体育主体的体育行为,对大学体育文化的真正形成起着决定性的作用。[1]

(三)大学校园体育行为文化的内容

校园体育行为文化形态是校园体育文化的活动表现,主要体现为校园人的体育习惯、体育风气、体育传统、体育方式、体育活动质量和体育流向,以及校园体育在学校各项活动中的地位等。学生在行为文化下建立良好的师生关系和同学关系,相互尊重人格,团结友爱,积极向上,不歧视,不训斥,培养一个良好的体育集体,创造一个良好的人际氛围。

首先,大学体育是大学生的必修课程,是大学生校园体育的最重要内容之一。大学生在大学本科期间必修四个学期的体育课,体育课程内容、上课时间在各个大学有所不同。当前大部分大学的体育必修课程安排在大学一、二年级,部分大学采取学分制管理办法,在大学四年任选 4 学期

---

[1] 赵一刚.高校校园体育文化建设与探究[M].北京:中国原子能出版社,2022.

体育课程。在规定选课时间内,大部分大学实行"三自主"体育选课模式,即学生可以在规定资源内任选上课内容、上课时间和任课教师。除了体育必修课外,各大学均为大学生安排了健身性、娱乐休闲性更强的体育选修课,选修课教学内容、考核方法等与体育必修课均有较大区别。

其次,校内外体育竞赛、课余运动训练、学校大型体育文化活动为广大师生提供了表现自己、展现个性、表演运动技能的舞台。它具体包括校内学生篮球、足球、排球联赛,乒乓球、羽毛球、健美操等锦标赛,全校学生、教职工运动会,体育文化节,体育社团体育竞赛,学校之间的体育友谊赛等。

再次,大学体育社团建设情况能够反映出大学校园体育行为文化水平。体育社团文化建设的好坏直接影响到教师、员工,尤其是学生体育综合素质的培养和提高。体育社团文化建设的多样性与丰富性能极大地调动和引导师生员工参与体育运动的积极性。丰富多彩的体育社团活动,种类齐全的体育社团类别,浓厚的体育社团文化氛围,都在直接与间接地影响着校园每个个体的体育思想意识、体育行为举止、体育运动中的交际与沟通能力、组织管理与协调能力、团结与合作能力等。各个大学体育社团的管理规范性、多样性差异较大,体育社团数量一般在 10~35 个之间。

最后,大学校园体育行为文化还包括大学生的个体健身活动。大学生个体健身活动具有自发性、自觉性,它能够有效地培养大学生的体育健身意识,有利于大学生体育健身习惯的养成。但是由于缺乏组织、管理和指导,如果引导不当,大学生不良的体育行为文化会导致大学生体育行为的异化。例如,运动场上的突发事件、比赛场上的暴力冲突、体育课堂中学生之间的敌视等不文明行为。触发这些行为的原因不一,学习压力、感情的变故、报复心理、竞争压力等都会成为行为异化的原因。这些行为具有一定的突发性,很多在发生前没有任何的先兆。当前体育行为文化建设的重点之一就是要竭力预防和制止这类行为的发生。

(四)大学校园体育物质文化的内容

大学校园体育的物质文化层面包含校园里的体育建筑、雕塑、场地、器材等,是校园体育意识文化的载体,也是学生进行体育锻炼不可缺少的物质基础和校园体育文化建设的前提条件。如果没有相应的文化设施,在一定程度上讲,校园体育文化建设就将成为"巧妇难为无米之炊"。因此,必须加强校园体育物质文化建设。

大学校园体育物质文化包括以下几个方面。

1. 大学校园体育标志

大学校园体育标志通常指大学体育标志性建筑物、大学体育吉祥物、标准色、大学体育运动服饰、大学体育图标。有着悠久文化的大学校园通常都有承载学校历史与使命,体现大学文化精神的体育标志,并希望以此激励学校的持续发展。例如清华大学的马约翰塑像、"为祖国健康工作五十年"的标语便是校园体育文化的载体。

2. 校园体育环境

校园体育环境包括自然环境、体育建筑风格、体育建筑布局、体育建筑雕塑等。校园体育环境的建设渗透着学校的人文气质和体育传统。北京大学第二体育馆和奥运体育馆的设计建设均与北京大学整体建筑风格相吻合,体现了北京大学的文化精神;东南大学的四牌楼校区体育馆的建筑风格和发展历史印证了东南大学的校园体育发展史。

3. 校园体育场馆和器材设备

校园体育场馆和器材设备这是大学体育文化发展的基础和保障。大学校园体育活动的开展包括体育教学、群众体育与校内体育竞赛、运动训练与竞赛、大型体育文化活动等均离不开学校基础体育物质设施的支持。这些物质设施包括体育馆、体育场、体育器材、体育比赛器械等。校园体育运动项目很多,每一个运动项目均有各自所需的体育场地和体育器材,学校在校园体育物质设施的建设、购买、维护、更新方面的投入占到大学体育经费的最大比例。

第二节　大学体育文化的特征

一、校园性特征

校园体育文化是一种亚文化,它区别于其他文化的最主要表现是校园体育的特殊性。具有校园性才是校园体育文化特殊性的核心所在,它对于社会文化和其他校园文化是相对独立的,不同的校园会产生不同的体育文化。另外,它又是多元性的,可以分为校园体育物质文化、精神文化以及校园体育行为构成的制度文化等。校园体育文化又是弥散性的,它可以通过体育运动形成,使它所包括的内容广泛地播撒到校园的每一个角落、每一个人当中,形成一种特有的校园体育文化现象。

二、教育性特征

校园体育文化是在校园这一特定环境中的体育文化现象,始终与该环境中的生活成员发生密切联系,参与校园体育文化活动的人是受教育的主体,相对而言,校园体育文化作为客体存在,它随时都发挥着显性或隐性的作用。这是校园体育文化的本质所在,也是学校体育之所以成为教育组成部分的根本原因。

三、实践性特征

校园体育文化是校园和体育文化的结合,它应当表现体育的本质特征即实践性特征。此外,学生时期是人生"好动"的阶段,亲身体验的欲望强烈。在校园体育活动中,学生有目的、有组织的为自己创造条件,开展各种喜闻乐见的体育活动,在实践中体验体育的乐趣、价值,培养良好的体育道德和精神。同时,校园体育文化活动又具有一定的社会性,使学生在体育活动中增长社会知识和交往能力,这种实践性为学生的理论与实践之间建立起一座桥梁,使理论和实践有机地结合,达到全面发展的目的。

四、创造性特征

创造是校园体育文化的灵魂,没有创造便没有校园体育文化的生长和发展。大学是知识分子相对集中的地方,传播媒介比较完备,文化层次普遍较高,他们对社会体育文化的发展和走向表现出明显的注意,并创造出许多形式多样、内容丰富的校园体育文化活动内容。师生在创造多姿多彩的校园体育文化活动中,不仅丰富了校园体育文化内涵,增强了体育文化意识,而且也为师生员工的创造性思维活动提供了广阔的空间。除此之外,校园体育文化还具有健身性、娱乐性、群体性和开放性等特性。

五、时代性特征

文化是时代的文化,不同时代有不同的文化。校园体育文化也不例外,它与所处时代的政治、经济及文化的发展有密切联系。新时代的校园体育文化是对前一时代文化的继承、批判和超越。也正是因为有这一特性,不同时代才会产生不同的校园体育文化。

六、动态性特征

大学体育文化参与的主体是大学生。大学生天生好动,他们不习惯长期静坐和默读。一般而言,校园的课堂教学活动是一种静态性的教育形式,长时间的"三点一线"式的学习生活,往往使多数好动的学生感到枯燥无味。因此,大学生在学习之余所钟情的休闲娱乐方式往往是体育文化活动,这既能调剂学生的学习生活,又能获取各种体育知识和综合才能。在紧张学习的闲暇,在复习迎考的间隙,由班级或学生团体组织一场小型的足球、网球比赛等,这样既能调节学习生活、和谐心境、陶冶情操,又能使大学生得到休息。特别是在节假日到来的时候,如果进行以上的活动,就能使宁静的校园一时又"动"了起来,这就是大学体育文化的动态性特征。

七、导向性特征

高等教育的目标是培养德、智、体全面发展,有理想、有道德、有文化、守纪律,适应社会发展的高层次人才,这就决定了大学体育文化活动必须服从和服务于这个目标。因此,大学体育必须按高等教育培养合格人才的需要去建设校园体育文化,提倡科学的、健康的、文明的、高品位的体育文化活动;引导学生从自身的特点出发,大胆地开展校园体育文化活动,让他们有自我表现、自我教育、自我管理、自我提高的组织、环境、场所和体验;同时,激发大学生在体育文化活动中不断提高人文素质修养,科学地进行体育健身,树立正确的人生观、道德观、体育观,弘扬爱国主义精神,使大学体育文化朝着健康、文明、正确的轨道发展。

八、娱乐性特征

娱乐性特征是大学体育文化的一个极为鲜明的特征。一般说来,大学校园体育着重于人的身心需要和情感愿望的满足,不以高超复杂的技艺,深邃的体育哲理和深厚的体育文化素养等条件要求参与者,而是以普遍的、自娱自乐的、消遣性的、游戏性的活动方式迎合参与对象,使他们可以在这些活动中得到直接的令人愉悦的主体情感体验。大学体育文化活动项目广泛而丰富多彩,有竞技、表演、休闲等项目,所有这些活动普遍带有浓厚的娱乐色彩。大学校园体育精神文化的最大魅力就在于情感体验和精神脉冲,也就是我们所说的娱乐,不同的体育项目带给人的情感体验不同。大学生参与的体育活动,形式多样、参与人员可多可少、场地可大可小、时间可长可短、规则可松可紧,可以根据不同人群,不同性别的不同需要来选择相应的运动项目和运动形式。体育运动总是处于一种未定结果,需要不断努力,把握时机的过程中,正是结果的不可预测性给人带来无限的刺激,产生复杂的情绪体验和感受,吸引大学生广泛参与。游戏性增加、娱乐性增强,容易达到娱乐身心,消除疲劳,扩大交往,促进友谊的目的,可以满足青年大学生的休闲娱乐需求并令其身心得到健康发展。

其娱乐性的特征使大学体育文化自然而然地产生了巨大的吸引力，吸引广大师生的积极参与，无论在空间的广阔性，还是在时间的持久性上，体育文化的价值是其他校园文化难以企及的。①

九、复杂性特征

大学体育文化的复杂性主要表现在其内容方面。它的四个层次内容包括大学校园体育物质文化、大学校园体育精神文化、大学校园体育制度文化和大学校园体育行为文化。具体内容涉及体育观念、体育精神、体育道德、体育风尚、体育知识、体育制度、体育规范、体育场馆设施、体育雕塑、体育服饰、体育图书音像、体育标志、体育宣传等广泛而又复杂的各方面，以及由这些方面所带来的学生体质增强、精神焕发、气质形象改变、技能提高、心理健康等多种无形的效果反映。另外，大学体育文化的复杂性还表现在其内部关系的冲突及其协调上。体育课内文化与体育课外文化，体育教学文化与体育群体文化和体育训练文化，大学竞技体育文化与大学业余体育活动文化等，常常会产生不同程度的摩擦与冲突。在大学体育文化与外部文化的冲突与矛盾中，最为突出的是：大学专业教育文化与校园体育文化的冲突，竞技体育文化以正统文化自居，而造成对校园体育文化正常发展的严重障碍，这也正是目前高等教育向素质教育转轨，提高大学生人文素质水平的难点所在。

十、渗透性特征

大学体育文化的渗透性，是指大学校园体育精神能够发生辐射，渗透到大学生学习、生活、娱乐休闲等各项活动之中，渗透到大学生体育价值观念的形成过程中。在体育运动中始终贯穿着竞争和拼搏的精神，这种精神和意识是现代社会人的非常重要的职业素养。我们应该积极利用体育精神来影响和引导在校大学生和大学体育文化的发展。大学竞技体育

---

① 沈竹雅.大学生体育运动与体育文化研究[M].长春:吉林出版集团股份有限公司,2020.

文化是以"竞技"为手段，以不断超越大学生生理和心理极限为内涵的一种较为独特的文化现象，它成为凝聚大学精神、展现身体魅力的重要载体。它不仅承载着社会责任感，而且还承担着社会关切和唤醒、凝聚、团结大众的重任与个性化的追求功能。竞技体育文化在精神文化、行为文化中发挥着其他文化现象所不可替代的作用，它必然对大学生的体育价值观念产生重要的影响。另外，大学体育对社区体育和家庭体育的渗透作用也日益凸显。许多社会体育方面的专家和学者都不约而同地认为，社区体育要以社区附近的学校为中心来开展，充分利用学校的场地器材和体育运动文化氛围。

十一、交叉性特征

当代大学校园文化与体育文化的分野或独立，并没有使得它们放弃历史所遗留下来的两种文化并存与共有的领地——大学体育文化。现代大学体育文化通过对大学校园文化与体育文化的选择与重构，使得它有可能在不断构建自身的同时，映射出大学校园文化与体育文化的完美结合、水乳交融的理性光芒。因此说，大学体育文化是大学校园文化与体育文化有机结合的产物，是一个联接校园文化与体育文化的功能融合环。

十二、时尚性特征

大学体育文化的主体是当代大学生，而大学生是领导社会潮流的特殊群体。在社会进入 21 世纪的今天，体育成为社会人际交往、生活质量提高的重要方式，因此体育在大学校园中也成为时尚。参与健身、参与体育文化活动成为大学生休闲娱乐活动中的主体。大学生作为具有较高知识水平的群体，不仅能够接受传统的体育精神产品和物质产品，而且还能够吸收传统体育文化的精髓，创造并形成自己独特的体育文化生活。篮球、排球、足球、乒乓球、羽毛球、太极拳、游泳、健美操等健身活动开展得如火如荼，新兴的体育项目如网球、棒球、秧歌舞、拓展训练等也悄然在大学校园中兴起，并以其新颖性、刺激性、挑战性而普遍受到欢迎。传统体育项目和新兴体育项目大大丰富了大学体育文化,为大学体育文化注入了新的生机与活力。

十三、融合性特征

体育是促进文化交流、文化融合的有效途径,全世界奥林匹克运动会正是这一现象最好的例证。大学生容易接受新的观念和思想,通过体育运动大学生不仅可以吸收不同地域、民族、国家文化中的精粹,而且能够将外民族与本民族的优秀文化传统有机融合在一起,提高青年大学生的民族自尊心和文化创新力。体育加快了世界文化的交流、创新和融合。随着体育运动文化和形式日新月异的发展,大学体育文化也呈现出纷繁的内容和形式。

十四、内隐性特征

校园体育文化是以间接、内隐的方式呈现的,是通过无意的、非特定心理反应机制来影响学生的。大学生在体育文化环境中学习、生活,在不知不觉中接受体育文化信息,并受到感染、熏陶,潜移默化地实现着文化的心理积淀,并逐渐转化成为自己的行为方式。

十五、独立性特征

校园体育文化是校园里的人群共同参与体育活动所形成的一种文化,它有着特殊的主体和环境。这个主体具有较高的知识水平,在接受传统体育文化精神和物质的同时,还能主动吸取世界优秀体育文化精髓,并逐步创造发展具有特色的校园体育文化。

十六、多样性特征

校园文化的优势注定了校园体育文化的多样性,无论是体育意识文化、体育行为文化,还是体育物质文化都极为丰富多彩。以人为本,注重学生个性培养的体育教育指导思想,使个性鲜明的体育文化主体得以充分展示个体的创造性,显示其独立性和自主性,因而极大地丰富了校园体育文化生活的内容。

第三节　大学体育文化的功能

一、健身功能

世界卫生组织指出,健康不仅是免于疾病和衰弱,而是保持身体上、精神上和社会适应方面的完善状态。这一概念改变了以往健康仅指无生理功能异常、免于疾病的单一概念,阐明人的健康应包括身体、精神和社会三个方面。而大学体育文化之所以能增进人的健康,具有健身功能,这是因为大学体育文化是通过多种形式体现出来的,而体育活动是大学体育文化的主要形式,它在促进师生员工身心健康方面起着重要的作用。首先,通过体育活动能改善和提高中枢神经系统的功能,使人头脑清醒,思维敏捷;其次,通过体育活动能促进内脏器官生长发育,塑造健美体型,从而提高人的劳动效能和运动能力;最后,通过体育活动能使人朝气蓬勃、充满活力、生活愉快、精神健康,消除意志消沉和情绪沮丧等不良情绪和心理状态,使人性格豁达,从而提高适应自然环境和社会环境的能力,提高对疾病的抵抗能力,达到延年益寿的效果。所以,良好的大学体育文化能有效地促进师生员工身心的健康发展。

二、教育功能

校园体育文化的教育功能主要表现在它的潜移默化、耳濡目染、暗示性和渗透性。这种教育形式不同于教师教、学生学的单向为主的课堂教育,它是在具体可感的体育活动中,通过统一的规则,规范的行为,严密的组织和一些约定俗成的规定,使参与者和观赏者自觉或不自觉地接受校园体育文化的教育,并逐步内化为行为、习惯、意识的教育过程。另外,校园体育文化教育能消除某些正面教育所引起的逆反心理,起到有些正面教育所不能收到的效果。总之,校园体育文化所产生的效应,无疑会使学校成员自觉地将自己与学校融为一体,形成强烈的责任感和使命感,产生激励、进取、令人振奋、催人向上的教育力量。

三、娱乐功能

高等教育不仅要重视"教化"功能,而且要重视"教诲与娱乐",使师生在紧张的工作学习之余,脑力、体力、心理得到放松与调适,才能适应和胜任繁重的学习和工作任务。校园体育文化在这方面起到了不可替代的作用。丰富的校园体育文化内容,不管是竞技运动项目还是休闲运动项目,不管是高水平比赛还是大众水平的练习,普遍都带有浓厚的娱乐色彩,这正迎合了大学师生员工的生理、心理特点和文化需求。在这些活动中,使师生暂时忘掉了工作和学习的烦恼,使焦虑和紧张等心理压力得到很好的缓解和释放,进而获得精神愉悦与自由,保持乐观情绪,而且还能通过这些体育文化活动达到陶冶情操、净化心灵、享受生活乐趣的目的,有利于人们的身心得以和谐、健康的发展。

四、创造功能

体育的全部意义就在于人体的自我创造,自我发挥,创造德、智、体、美、劳全面发展的一代新人。大学校园既是体育历史文化的"储藏室""中继站",又是实现体育文化的"加工厂""交易所"。体育教学、训练、科研和管理的各种新观点、新学说、新技术、新方法不断在这里孕育产生、创造和发展,同时又在这里传授交流、推广或转让。这种既相互冲突、排斥,又相互渗透、融合的形式,不仅是校园体育文化产生、嬗变、发展的一般规律,而且也是创造灿烂光辉、多彩多姿的校园体育文化的基本途径。[①]

---

① 冯娟娟,李德伦,周玫.高校体育文化与大学生体育运动[M].长春:吉林出版集团股份有限公司,2020.

五、审美功能

当代大学生推崇和追求的是现代社会快节奏的生活方式和高层次的美感享受,他们对美的追求有着更新、更全面的内容要求。校园内各种格调高雅的体育场馆及内容丰富、形式多样的体育文化活动,正满足着他们的审美需要。尤其是目前在大学校园内普遍开展的健美操等活动,悄悄地吸引着广大师生员工参与其中。通过自身努力而获得的美的感受,会激起他们创造美好环境的热情和行动,同时也会对美的理解产生更深刻、更丰富的联想。

六、导向功能

大学体育文化是学校师生员工体育价值取向的向导,大学体育文化建设应体现国家和广大师生利益的一致性。大学体育文化的内容和形式,以及所形成的文化氛围,深刻影响学生的体育思想行为和体育生活方式。它是一种客观的、实际的环境力量,起着制约和规范人们体育行为的作用。所以,一旦形成人们的意识,就会变成一股巨大的导向力量。尤其对大学校园的青年学生来讲,他们的世界观、人生观、价值观和审美观都还处于逐步成熟阶段,特别需要正确的引导。大学体育文化的导向作用,主要是通过以下两个渠道来实现的。

一是国家和学校的体育发展战略、路线、方针、政策,以及由此而产生的社会价值导向对大学师生的指导作用。大学社会化程度随着时代的发展愈加深化,因此谈大学体育文化离不开国家体育、教育的大环境。

二是通过大学体育文化本身蕴含的世界观、价值观、道德观等对大学师生的潜移默化的文化影响和导向。总之,大学校园各种各样的体育文化活动、校园体育气氛、教师言行等都在无声无息地引导着学生的价值取向,对学生的体育认识的形成发挥着巨大的同化和导向力量,校园体育文化建设就是要在育人过程中建立起具有正确导向的机制。

七、凝聚功能

大学体育文化的凝聚功能主要体现在大学校园体育精神文化上。大学体育文化建设的一个重要目标,就是形成一种内求团结、活跃校园氛围,外求发展、提高大学声望的精神风貌。良好的校园体育文化环境使人身居校园,处处感受到大学校园独有的魅力和生机。同学之间、师生之间,师生员工与大学之间,通过体育传统和文化氛围建立强烈的责任心和荣誉感,进而激发一种使人感到心情舒畅、令人振奋、催人上进的力量。将来走出校园,师生会时刻怀念、感受到学校的体育在他们成长、生活中所带来的快乐、健康和力量,进而会在一生中将其在大学中形成的体育观念和生活方式得以发扬。总之,优秀的校园体育文化具有催人奋进的凝聚力和激励作用,能激发全体师生员工对学校的认同感、自豪感和荣誉感,能激发广大师生员工的工作热情和学习热情,进而使学校的凝聚力得到拓展和升华。

八、激励功能

大学体育文化的激励功能旨在强调理解、尊重和爱护校园人,强化校园人的工作、学习动机,调动校园人的积极性、主动性和创造性,并反对把运动员或校园体育积极分子看成"运动机器",或以"成败论英雄"。校园体育文化之所以能够在校园人中间树立起和培养共同的体育目标、理想、信念,关键是它能够增强校园人的事业心和责任感,使他们保持高昂的情绪和进取精神,从而乐此不疲地为学校体育事业而奋斗。

需要唤起动机,动机引起行为,行为指向目标。激励问题也是一个不断满足需要的问题。校园体育文化把校园人置身于一个良好的心理氛围与和谐的人际关系环境之中,使他们获得精神上的需求与满足,同时也为校园人设置了体育文化享受与创造的空间,提供了体育文化活动的背景与使用体育场馆、设施、器材的机会,使校园人的体育活动兴趣得以满足,体育人生观与信念得以实现与升华。校园体育文化范围中的种种激励诱因能激发校园人产生并维持积极的体育行为动机,为个体身体锻炼而做不懈的努力,从而使个体目标与学校体育总目标趋于一致,以发挥和完成校园体育文化的激励功能。

九、沟通功能

大学是一个相对独立的文化群体。由于传统的教学方式,学生与教师之间、教师与教师之间,教师、学生与管理人员之间,以及专业之间、年级之间、学校之间、区域之间等存在着明显的差异和障碍。由于现代计算机和网络技术的发展,给高等教育带来实惠的同时,也使这种障碍所造成的弊端显得越来越突出,人学体育文化活动则成为解决这一问题的"润滑剂",它可以通过丰富多彩的体育活动,扩展校园内各层面群体间交往的空间,增加情感沟通的渠道,加强相互接触的机会,打开许多封闭的障碍,从而增加交往的频率,改善不和谐的人际关系,获得凝聚力和向心力等。另外,学校之间的交流,有很多时候都是通过体育竞赛和体育研讨的方式来进行,因为体育是最容易激发情感交流、价值认同和化解矛盾的介质。

十、社会功能

随着我国市场经济的发展,大学生面临的将是一个竞争日益激烈的社会环境,个体在求学、深造的过程中,除了获取各种社会知识和专业知识外,还必须不断提高心理健康和心理素质水平。当然,要达到这一目的,需要依靠学校各课程教学与学校、社会、家庭其他教育形式的相互配合,但毋庸置疑,校园体育文化对个体社会化形成的影响是巨大的。开展校园体育文化中遵循的优胜劣汰的原则,公平竞争的意识,顽强拼搏的精神,创造与开拓的能力为规范的风貌,都使生活在校园体育文化中的个体有意无意地实现精神、心灵、性格的塑造,使个体与社会环境、社会要求之间实现了某种平衡和协调,达到了社会化的目的。

十一、传播功能

大学是培养高层次、应用性、创新性人才的重要基地。通过大学体育文化可以广泛传播体育思想,增强师生员工的体育意识,创造积极向上的体育文化氛围,指导正确的体育行为。校园体育文化的内容、形式及校园体育文化建设中所形成的文化环境与文化氛围引导师生树立"以人为本,健康第一"的观念,而良好的体育文化氛围是一种无形的力量,体现了师生共同的体育价值观。同时,各个学校的体育运动队通过参与校际间的体育比赛这一对外窗口,不仅展示了运动队的竞技水平和精神面貌,也可以间接地反映学校的综合实力和办学水准,无形中为学校树立了良好的社会形象,有效地提高了学校的社会声望。

十二、经济功能

校园体育文化的经济功能,以前对校园人的影响往往被忽视,现在随着市场经济的发展,其经济功能也越来越显示了它的影响力,并发挥越来越大的作用。具体体现在两个方面。

(一)发挥校园体育物质文化固有的作用

大学校园的体育场馆、训练设施、科研仪器,除了满足日常的教学、训练、科研的需要外,课余时间也可以做出租或转让,既对校园开放,又部分地向社会开放,如承办各种国内外体育比赛,接纳歌舞、戏曲表演,举办展览会或展销会,播放电影、录像等活动,以提高场馆的利用率,既为校园人员提供娱乐、消遣、健身的场所,又能带来可观的经济效益。

(二)调动校园人员的主观能动性

校园人可利用自身专业特点和运动技术特长,在校内外举办或联办各种类型的培训班或体育卫生知识讲座、体育保健营养咨询,不但能提高校园人自身的社会价值,而且又能带来一定的经济价值。

十三、心理疏导功能

心理疏导功能主要指的是大学体育文化对大学生形成优良的个性品质和良好积极的心理状态,以及对大学生的各种压力和心理障碍的调节、疏导、释放所产生的功效。大学体育文化活动以其固有的刺激性、娱乐性、欢快性、体验性,丰富了大学生的精神生活,使他们在紧张的学习之余,体验到激励的情绪和迸发的躯体运动感,感到心情愉快、精力旺盛、情绪高涨,并通过大学体育文化的精神氛围,消除大学生心理上和情绪上的自我干扰和互相摩擦,减少内耗,协调人际关系,从而体现校园体育文化的心理疏导功能。我们在构建适应时代要求、品位高尚、内涵丰富、特色鲜明的校园体育文化时,在满足大学生各种正当、合理的体育活动需要的同时,应充分发挥体育运动中心理的引导作用,使学生的个性心理品质、心理状态、行为规范等在渗透着优秀的校园体育文化的氛围中,得到进一步的升华。

十四、示范与辐射功能

大学体育文化的示范与辐射功能是指校园体育文化主体中的优秀人物以及客体中的一些标志物对其他人以至社会具有的巨大示范、辐射作用。校园体育文化建设旨在营造一个健康向上、拼搏坚韧、活泼生动的求学与做人的环境,大学体育文化的营造主体——体育教师、体育标志性建筑物和雕塑、体育吉祥物、标准色等有形的校园体育标志对大学师生会产生潜移默化的影响,甚至是终身的影响。体育教师不但要教书,更要育人;不仅要做到传授体育知识、技能,更要做到在教育中求真、求实、求诚、品质坚毅、情操高尚;不仅要关心学生的学业,更要指导学生提高做事、律己、交友、待人处事等方面的人文修养。因为好的榜样是易于效法,使人们受到感染和激励,因而具有强烈、深刻的教育示范与辐射作用。校园中的标志性体育雕塑等人文景观,也都对生活在其中的人们产生潜移默化的教育示范、辐射作用,体育标准色指的是大学体育用一种颜色来代表学校体育的精神、形象和内涵,它在学校体育的各方面内容中均能得到体现、宣传和发扬。总而言之,大学体育文化可以通过体育标志、体育人物、体育宣传语、体育故事等对大学师生的体育观念、行为等产生直接的、强大的示范与辐射功能。

十五、约束与规范功能

大学为了保证正常的教学工作、生活秩序得以维护,总要制定出许多的规章制度来规范和约束人们的行为,这是有形的硬约束,依"法"治校,是十分必要的。但是这些硬约束无论多么完善,都不可能对学校的每个成员的思想、心理和行为都具有约束和规范作用,还需以"德"治校,实行软约束。大学体育文化作为一种无形的文化上的约束力量,形成一种行为规范来制约人们的体育文化行为,以此来弥补各类体育规章制度等硬约束的不足。它能使某种体育信念、体育价值观等在校园人的心灵深处形成一种心理定势,构造出一种响应机制,只要外部诱导信号一发生,即可得到积极的响应,并迅速转化为预期的体育行为。这种软约束等同于校园中弥漫的校园体育文化氛围、大众体育行为准则和体育道德规范、群体体育意识、社会体育舆论、共同的体育习俗和体育风尚、一致的体育目标和大学体育价值追求等精神文化的内容,就会造成一种强大的使校园内的人个体体育行为从众化的群众心理压力和动力,使校园内的人产生心理共鸣,从而产生体育行为、心理和道德的自我控制。这种有效的软约束可以减弱各种硬约束对体育文化活动中的人们的心理的冲撞,削弱在校园中引起的那种心理抵抗力,从而在校园内达成统一、和谐和默契。这种软约束对每一个校园人都能起到明显的约束作用。校园体育文化所形成的体育纪律、体育伦理、体育道德、体育制度、体育风俗等,是师生共同创造、认可并自觉遵守的,它表现为一定的纪律性和规范性。凡是符合校园体育文化建设规范的行为,必将得到肯定和鼓励,而违背校园体育文化建设规范的行为,则会受到人们的谴责,这在大学校园体育社团建设中尤为重要。因此,校园体育文化同大学文化一样对每一位师生都具有约束力,它从体育文化活动中通过文化要素来规范着每个人的行为。

十六、心理疏导功能

心理疏导功能主要指的是大学体育文化对大学生形成优良的个性品

质和良好积极的心理状态,以及对大学生的各种压力和心理障碍的调节、疏导、释放所产生的功效。大学体育文化活动以其固有的刺激性、娱乐性、欢快性、体验性,丰富了大学生的精神生活,使他们在紧张的学习之余,体验到激励的情绪和迸发的躯体运动感,感到心情愉快、精力旺盛、情绪高涨,并通过大学体育文化的精神氛围,消除大学生心理上和情绪上的自我干扰和互相摩擦,减少内耗,协调人际关系,从而体现校园体育文化的心理疏导功能。我们在构建适应时代要求、品位高尚、内涵丰富、特色鲜明的校园体育文化时,在满足大学生各种正当、合理的体育活动需要的同时,应充分发挥体育运动中心理的引导作用,使学生的个性心理品质、心理状态、行为规范等在渗透着优秀的校园体育文化的氛围中,得到进一步的升华。

总之,大学体育文化的功能是一个有机融合的整体,要使这些功能充分而全面的释放,取得校园体育文化整体效益的最大值,必须对其结构进行科学搭配、优化组合,确保各项功能发挥应有的作用,以此发挥校园体育文化的整体功能。

第四节　大学体育文化的发展

一、大学体育文化的发展历程

我国的大学教育经历了从精英教育向大众化教育的转变,也从深受封建教育传统和高度集中的计划经济体制的束缚,转向了在社会主义市场经济体制下,由先进的人文科学精神引导的现代大学的转型和改革阶段。在这一变革过程中,大学在学术观念、管理架构、教育理念、学生的培养方法以及校园环境等方面都经历了显著的改变。随着时间的推移,大学的体育文化正在从较为弱势的状态转变为功能更为明显的状态,其变化也从之前的隐性逐渐转向了显性。本研究根据社会政治、经济和文化发展背景以及大学体育文化本身发展的规律特点,将大学体育文化发展分为以下四个阶段。

(一)大学体育文化的恢复发展阶段

20世纪70年代末至20世纪80年代初这一时期的大学体育文化表现出自发性、无序性特点,只是一种大学生集体精神、集体追求的外在表现。从大学生主体意义上考察,这一时期大学体育文化对大学生全面发展的影响作用尚不突出,校园体育文化建设的目的、内容并没有与大学生的全面发展要求相结合。

1978年至1982年,大学体育推行第六套广播体操,举行了各级大型综合运动会。这使得大学生重新认识了体育的价值,并在校园体育各类文化活动中体验到了体育带给他们的身体和精神上的刺激和感受,使他们真切感受到了回归学校,进入久违的大学校园后的那份思想的震撼。他们在"为祖国健康工作五十年"的号召下,深感时间的珍贵,带着强烈的责任感和使命感勤奋学习和锻炼身体,立志为早日实现"四化"而奉献青春,于是使命和责任意识下的校园体育文化活动成为这段时期大学体育文化的新热点。

(二)大学体育文化的探索发展阶段

20世纪80年代这一时期的大学体育文化建设处于由自发到自觉,由无序到有序的过渡时期,大学体育文化建设呈现探索特征。大学师生对校园体育文化组织形式、制度政策积极地进行探索,不断丰富校园体育文化形式和载体,不断挖掘、增强校园体育文化的育人潜能。

以1986年"校园文化"概念的正式提出为临界点,其成为大学体育文化由自发到自觉、由无序到有序初步过渡的标志。"校园文化"概念被学界提出后,大学校园文化的研究呈现白热化状态,校园体育文化作为大学校园文化的重要组成部分,自然也成为研究的热点。所以这一时期的大学体育文化热点纷呈,各种载体、形式日益丰富,大学师生参与热情日益高涨。但是,既然是探索时期,就难以避免走弯路,也难以避免负面文化、不良文化对大学生的影响。

从大学生的主体视角出发,随着社会、经济和文化的持续繁荣和活跃,大学生们的主人翁精神、对未来的担忧感以及对历史的责任感都逐渐增强。特别是对于那些充满危机意识和强烈责任感的中国大学生,他们在体育比赛中真切地体验到了中国的强大影响,并深情地表达了他们的爱国情怀。

(三)大学体育文化的深入发展阶段

20世纪90年代后,大学体育文化进入了深入发展期。这一时期的大学体育文化建设更加理性化、多元化、规范化。大学体育文化载体已经不仅仅限于校园行为文化活动,校园体育的物质文化、精神文化、制度文化等其他载体也开始显现并被加以利用,逐渐发挥了它们的育人作用。校园体育文化活动形式更加活泼、多样,吸引更多的大学生参与。

这一时期是中国政治经济快速改革与发展时期,科教兴国战略、社会主义市场经济体制转型使中国社会的政治、经济、文化环境发生了历史性的变化,深刻影响了人们的世界观、人生观、价值观、道德观以及生活方式。这种影响推动了大学体育文化的深入发展。从大学内部环境来看,大学开始理性思考、研究并重视体育在大学生精神熏陶、文化领悟和身体教育中的积极价值,因此大学开始实行积极、严格的大学体育政策。

从大学生层面来看,20世纪80年代末,作为校园体育文化主体的大学生失去了20世纪80年代大学生那种"栋梁"式的感觉,开始重新认识社会现实与个人才能之间的关系,开始真正学会用现实的眼睛来理性地思考历史,理性地思考中国国情。高等教育实行双轨制,应试教育加剧高考的压力,社会经济体制改革加强对高素质人才的需求加剧了就业压力,这不断刺激着大学生主动成才意识、竞争意识和参与意识。大学体育文化为他们提供了开阔视野、增长知识、投身实践的广阔天地,这就促使他们参与校园体育文化的热情高涨,通过积极参与校园体育文化活动提高个人综合素质的主动性进一步增强。班级、院系、社团、全校范围内的各类型校园体育文化活动蓬勃开展。这反映出大学生的价值目标突破了传统的、静态的一元价值观的抉择,逐步实现体育价值观的转变。

(四)大学体育文化的和谐发展阶段

经过恢复发展期、探索发展期、深入发展期,大学体育文化建设积累了丰富的经验,为其和谐发展、科学发展奠定了坚实的基础。大学体育文化无论在思想上还是在实践中都已经成为大学培养人才的重要载体,成为促进大学生全面发展的重要途径。

21世纪以来,构建和谐社会和科学发展观成为国家发展主导思想,社会政治、经济、文化、教育环境为大学体育文化的发展提供了更为有利的条件。从外部发展环境来看,国家进一步重视和发挥体育在国家政治、经济、教育、文化发展中的重要作用。

从大学内部发展环境来看,国家和高校在新时代对校园体育文化建设的主导作用更强。不少大学不再只是在口头上强调校园体育文化建设,校园体育文化建设也不再只是体育部门、学生工作部门、共青团组织的任务,而是成为学校的一项重要工作,有更多的部门参与进来,大学体育文化建设逐渐实现了科学化、和谐化。大学体育文化的形式更加丰富、规模更大、层次更高、参与主体更加多样化。总的来说,21世纪整个社会、教育文化环境的变化使大学体育文化实现了质的飞跃。

从大学生的角度出发,他们在新时代对体育文化的需求变得更为多元和独特。他们既遭遇了众多的机会,同时也承受着各种形式的压力;他们既充满了为事业奋斗的热情,同时也面临着理想与现实之间的矛盾和无法避免的困境。大学生在成才、竞争和参与方面的意识日益增强。他们可以通过参与学校的体育文化活动来增强自己的能力并提升整体素养;从另一个角度来看,参与学校的体育和文化活动也是一种缓解压力的方式。在新的时代背景下,大学生对于校园体育文化的参与变得更为深入,他们的目标更为明确,他们展现出的努力和拼搏精神更为突出,同时参与的体育文化活动种类也变得更为丰富。

二、大学体育文化的发展策略

(一)加强校园体育制度文化建设

大学体育制度的文化层充当了体育精神文化层与体育物质文化层之间的桥梁。如果大学希望塑造其独特的学校体育文化,那么必须严格执行体育相关的法律法规,更新管理观念和手段,并根据学校的实际情况,制定合适的政策和执行方法。只有这样,大学的校园体育文化才能展现出强烈的活力和与时俱进的特点。要从优化大学的体育教学,优化体育教学内容和优化体育教学方法,手段入手,大力推广"问题教学""发现教学""游戏教学""兴趣教学"等新方法,同时,利用现代化的教学手段以优化大学的体育教学,形成国内特色的公共体育教学模式。

(二)加强校园体育物质文化建设

大学的体育物质文化层面构成了大学体育文化建设的根基。一所大学的体育设施和内部设备布局,体育建筑的设计风格,以及学校所处的地理位置,共同构成了校园体育的物质文化基础。所有大学都应该将校园体育的物质文化建设纳入体育文化建设的全面规划之中,以实现校园体育文化建设的软硬件统一,以及人与自然和谐共生的有机整体。我们需要大幅度提升场馆的使用效率,增强对外开放的力度,延长开放的时长,并致力于实现场馆资源的高效配置。做到校园体育物质建设既要讲究实用,更要讲究美观和谐,倾注人文关怀,提升文化品位,突显个性特色,激活审美张力,注意层次性,做到有面有点,点面结合,提高校园体育文化的品位。

(三)加强体育文化基础理论建设

1.体育的规范性成分

体育的规范性要素是一个民族或国家在长时间的体育活动,包括体育研究和发展过程中形成的规范。这些规范对体育的研究和发展具有一定的限制作用,以确保体育沿着确定的方向发展,包括体育文化的继承和创新,都必须在一定的规范下进行,以获得主流体育的认可。实际上,每一种文化的进步都与传统紧密相连,都是在特定的传统观念下进行的传承和拓展。因此,我们应当深入探讨我国体育的传统规范,这包括传统体育和现代体育的规范。我们需要认真地总结过去的经验和教训,保留其中的优点和合理之处,如研究方法和活动规范,同时也要剔除其中的不良和不合理之处,并在此基础上进行进一步的发展。

2.体育的启发性成分

体育中的启示性元素,是受到各种文化和社会活动的启示,或者是在国际体育交流、冲突领域的碰撞、融合过程中得到的启示,从而推动体育的新的发展。我们应当主动吸纳各种文化元素,这包括中国的传统文化和西方文化的精华,并在这些文化的影响下,对体育文化进行创新。基于传统的创新是中国传统体育走向兴盛的正确路径。

3.体育的文化价值

关于体育的文化价值,更应该关心的是体育与社会文化的互动,以及体育在人的发展过程中对人的精神与思想所起到的潜移默化的"养成"作用。例如,作为一种文化,体育在建设国家文化软实力方面就具有非常重要的作用。体育与政治、经济、科技、社会、理性等有着千丝万缕的联系,互相促进。特别是随着社会经济的发展,人们的余暇时间越来越多,文化的发展就越具有重要意义。而体育文化现在已经是一种主流社会文化,特别受到青少年的喜爱。所以,必须加强体育文化价值的研究。

(四)强化大学体育文化体系建设

体育文化的发展,必须有一个和谐的文化体系与发展模式。大学体育文化要实现转型,减少文化冲突,就必须对体育文化的各团体文化进行合理的定位,这也是文化体系建设的一个必要部分。

"学校体育文化为基础"的理念强调了加强学校体育文化教育的重要性。这意味着所有学生不仅要在体育活动中建立坚实的身体基础,还需要培养积极参与体育活动的良好习惯,熟练掌握基础的体育活动技巧,并在一到两个体育项目中形成特长。这样，当他们步入社会时，不仅可以成为体育活动的积极参与者，还可以成为体育活动的引领者和指导者。同时，我们需要在学生群体中，尤其是在中小学生当中，识别出有潜力的体育新秀，并经过适当的培训，使他们有可能成为竞技体育或商业体育的专才。需要强调的是，我们应该逐步转变依赖各级体育学校培训体育专才的策略，转而以学校体育为核心，这也包括为专业体育人才提供的培训场所。这种做法有助于避免运动员因过早参与体育活动而导致的知识学习障碍，确保运动员在退役后能像其他学生那样迅速地融入社会。学校体育活动一方面要通过立法来保证；另一方面也要通过宣传让广大教育工作者与家长意识到学校体育教育的重要性，自觉督促学生参与体育活动，而不是拉后腿，使反劲。

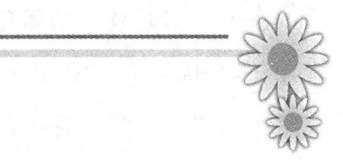

第二章 大学体育文化育人模式及其有效路径

第一节 大学体育文化育人的本质与特征

一、大学体育文化育人的本质

文化是人类社会发展过程中所创造的物质财富和精神财富的总和,是社会人获得健全人格、健康体魄以实现可持续成长的重要物质依托与精神依归。[①] 大学体育文化既是文化在体育行业里的一种特殊形态,也是文化在大学范围内的一种亚形态,既是行业文化,又是校园文化,还是人类行为文化,其不仅具有文化的本质属性,也具备体育的典型特征,还受到大学的范围限制,其本质内容离不开以下四个方面。

1.大学体育文化具备文化的本质特征,即本身就具有"以文化人""以文育人""文治教化"的功能,引导人、培养人、塑造人、锻炼人是其固有属性。

2.大学是大学体育文化发挥育人功能的基地,大学师生是大学体育文化育人的主体和对象,大学体育文化育人的主要对象是大学生。

---

① 高小平,崔成前.高校体育文化育人功能与建设路径研究[J].江苏高教,2019(10):97-101.

3. 体育实践是大学体育文化的本质载体,离开了体育实践,就不称为体育文化,也无法发挥大学体育文化的育人功能。

4. 大学体育文化是大学校园文化的基础成分之一,大学在育体育心方面的育体功能发挥主要由大学体育文化担任。体育是大学体育文化关注的中心。

大学体育文化育人工作需要把体育实践作为工作的重点,与此同时,结合教学工作,利用物质资源推动体育教学活动的开展,推动体育硬件设施的建设,推动体育制度的规范化发展,在校园内弘扬体育精神,引导全体师生教职工形成健康的生活方式,磨炼全体师生教职工的意志,做到全体师生和教职工身体素质水平的提升。特别是要注重通过体育实践活动的开展为大学生的全面成长和整体发展提供支持,为国家、社会输送更有竞争力的人才。

二、大学体育文化育人的特征

大学体育文化属于大学校园文化的重要组成部分,大学开展文化育人活动的时候必然会受到体育文化的影响,如果体育文化是积极的,那么大学师生会受到良好的影响,会注重身心健康,会养成积极的正向的体育观念,会注重自身体育技能的掌握,会注重自身体魄的提升。而且,在参与体育活动的过程中,师生可以获得更强烈的参与感。总体来看,体育活动开展过程中师生的团结意识、思想道德品质、竞争意识、心理素质、社会适应能力都有所提升,和其他类型的文化育人活动相比,体育文化育人活动具有独特的特点。具体来讲,特点体现在以下方面。

(一)规制性特征

一般情况下,规制性原则是为了保护公共利益而设置的规则,规则主要管控的是私人行为,在大学体育文化建设过程中制定规制性原则是为了规制全校师生的行为发展、思想发展、价值观发展。大学体育文化所提倡的体育精神有一定的竞争性,与此同时也显现出了一定的规矩性,虽然它提倡竞争和超越,但是也非常强调遵守规则,要求所有的体育运动者尊重对手,公平公正地参加比赛。除此之外,它也注重不同团队队员之间的合作,这些目的的实现都需要依赖于规则。分析体育文化的规律性可以发现,它除了规制一些不良行为、消极行为之外,也明确鼓励和肯定了正确、积极、正向的行为。

大学体育文化的规制性特征要求人们遵守规则,尊重法制。体育运动中的公平竞赛精神、公正裁判精神、"更高、更快、更强"的体育精神,都体现着"正能量"的体育精神文化,在此文化熏陶下,大学师生更容易树立崇高的理想,培养高尚的情感,更好地形成正确的认知,产生良好的行为。大学体育制度文化通过不断完善的规章制度来对大学生的行为进行外部规范。大学体育的制度文化通过规范师生的体育行为,形成师生共同认同的行为规范以及道德规则,形成优良的精神文化传统,来影响和规范个体行为,对大学师生员工的体育行为和日常行为形成广泛的约束,并通过与校园德育的结合,将校园文化中道德教育和法治教育部分的道德原则、道德标准通过道德认知、道德情感的培育,逐渐内化为个体的道德意志和道德行为,成为大学生行为的内部约束力,即内在规范。此外,大学体育物质文化中体育场馆的使用规则,琳琅满目的体育器材的借还手续,都是对大学师生文明习惯和行为的规制。

(二)隐蔽性特征

大学体育文化活动使用的中心载体是体育实践,体育文化活动的开展需要借助体育场馆、体育建筑,在此基础上,利用体育器材和体育锻炼方法培养全校师生以及教职员工的体育意识,积极地通过体育宣传的方式提高全校师生和教职工对体育的喜爱,让他们积极参与体育锻炼,磨炼自己的体育意志,感悟体育精神、体育道德风尚,真正从内心理解体育精神文化,最终体育文化就可以真正在个体身上发挥作用,推动个体的发展,进而促进社会的进步。体育精神文化会改变个体行为,增强个体体魄,帮助个体树立远大的理想。体育文化育人的方式和其他教育方式存在不同,通常情况下,文化育人使用的是教学方式、感悟方式、观察方式,也就是说,通常情况下,知识吸收能力的养成借助的是视觉的培养方式、听觉的培养方式,但是,体育文化育人主要是利用身体运动的方式调动个体的动觉,要求个体的小脑来参与控制身心协调。运动方式不太注重信息的吸收和获取,更加注重身体功能的训练及培养,在这样的情况下,个体想要提升体育素质、掌握体育技能需要调动自身因素参与,他人因素能够产生的影响是比较低的,所以,相比之下体育文化育人更隐蔽。

(三)体验性特征

大学体育文化重心在体育实践,强调参与感。体育的特点是通过身体的运动来获得有机体的器官强大和功能协调,发展神经系统能力,提高社会适应力。主要表现在以下几点。

第一,体育锻炼能够增加人们的肌肉力量,提高神经系统的灵敏度和反应速度,提升骨骼的耐受度,增进身体器官的韧性和协调性,提高身体素质,提升适应力,促进身心健康。

第二,适当的体育休闲、体育娱乐活动,如跳舞、瑜伽、下棋等活动有助于消除疲劳、发展体能、愉悦身心、增强体质、增进健康和培养社会适应能力。

第三,通过军训活动,进行一定量和强度的体育训练,可以锤炼学生的身体,让他们体验"劳体"的辛苦,锻炼他们吃苦耐劳的作风,培养他们艰苦奋斗的精神,以及帮助他们了解军人,增强国防意识,体验军人服从命令的集体主义精神和为国奉献的爱国主义精神,培养他们的责任感。

第四,体育场馆设备、图书器材、赛事活动、典礼仪式等物化于形、神化于行的体育文化也时时刻刻地影响着大学师生员工的生活、思想和行为。而这些都必须亲身参与,才能体验其中的乐趣和好处,才能得到真正的体会和感悟,才能体验到体育的选择快乐、兴趣快乐、体感快乐,体验体育文化的娱乐性和健身性,享受参与其中后带来的体感刺激和"惊喜",获得自身的全面发展。

(四)持久性特征

文化是智慧生物在长久的探索过程当中不断积累而形成的,文化本身就显现出了延续性以及持久性的特点,文化育人既要寄托于文化,还要在此基础上展开文化活动,所以,文化育人必然也是长久的、持续的。文化育人可以对个体的终身发展产生影响,而且育人效果可以终身作用于个体,可以说,文化育人属于不可逆的一种育人现象。大学校园文化对人产生的影响基本可以持续终身,所有经历过大学生活的人都会对大学当中的鲜明建筑、知名事迹或者知名人物留下终身的深刻印象,从这一点也可以看出文化育人的持久性特点。大学体育文化属于大学校园文化的组成部分,也属于社会文化的重要组成部分,所以,它必然具有文化所具有的基本特征,必然会显现出持久性、传承性以及延续性特点。虽然大学开展的文化旅游活动可以向大学师生传递文化知识、科学知识,但是,这些知识可能只是短暂的存在于人的记忆当中,也许会被忘记。但是,大学体育文化育人则不同,它致力于培养大学师生的技能,使他们形成良好的行为习惯,这种技能的掌握、习惯的养成都需要长期训练,所以,体育文化育人可以对大学师生的行为产生深刻影响,这种记忆是深深印刻在内心当中的,可以说大学体育文化育人活动真正做到了"内化于心、外化于行"。也就是说,大学体育文化可以对师生以及教职员工的精神产生深刻长久的影响。

第二节　大学体育文化育人功能的表现

一、健身强心功能

体育作为身体教育的一门学问,不仅在维持身体健康、塑造体型方面有突出的作用,而且由体育运动发展起来的体育文化,与大学教学相结合,能发挥出强身健体,缓解紧张、焦虑、抑郁等情绪的功能。

(一)健身功能

第一,体育运动能够帮助身体生长和发育,能够在一定程度上塑造体型。体育运动过程中身体的各个器官都需要参与体育活动,所有的器官也都会受到体育活动的刺激,在这样的情况下,器官功能会有一定的提升,适量的体育锻炼可以改变人的神经系统功能、骨骼功能、皮肤状态、内脏功能、肌肉状态,特别是可以促进骨骼成长,可以直接影响一个人的形体发展。

第二,体育运动可以强化身体器官的功能性,可以让身体始终处于正常运行状态,做到不同功能之间的统一。身体健康除了需要及时补充各种营养物质之外,器官也需要处于良好的生长发育状态。此外,最重要的是所有的器官都必须充分发挥自身的职责,为身体的功能协调、功能统一提供支持。脑力劳动想要发挥作用需要配合体育运动,这样不同的器官才能运动起来,才能协调一致地为身体行动提供支持。举例来说,想要做到身体平衡或者手眼之间的协调,需要借助于一定的体育锻炼,经过定期训练逐步获得更强的运动平衡感,获得更强的协调能力。

第三,体育运动会对人的身心健康状态和工作效率产生影响。人想要保持身体健康,想要在工作中获得更高的工作效率,那么除了身体器官维持健康状态之外,不同的器官之间还要相互配合,进行一定程度合适的体育训练可以让血液更好地循环,中枢神经也能够得到刺激,有助于内分泌系统的更好运作,人的新陈代谢也会在运动状态下得到更好的促进。体育运动可以在一定程度上避免器官功能的倒退,减缓人体衰老。一般情况下,大学师生以及教职工进行的是脑力运动,体育运动方面相对匮乏,长时间的体育运动缺失会导致身体处于不健康的状态。当下,大学非常注重体育文化的发展,积极号召师生教职员工在工作之外参与体育活动,增强自身的体质,使身体可以更好地为工作、学习活动的开展提供支持。

(二)强心功能

大学体育文化活动在促进大学师生身体健康的同时,还对大学师生的心理健康产生重大影响。

第一,体育活动有利于减轻人们的生活压力,缓解焦虑、抑郁、紧张等不良情绪。人在剧烈运动状态下会产生大量的多巴胺、肾上腺素、去甲肾上腺素等有助于人们增强兴奋感、安全感和幸福感的物质。适度的体育运动,对缓解心理压力,减轻焦虑、抑郁、紧张等情绪有明显的帮助。

第二,适度的体育运动对人体适应自然环境,产生良好的心境和情绪有显著影响。体育活动,尤其是户外体育活动,是人们身体与自然密切接触的最佳时机。大部分人在从事体育活动时都穿衣较少,呼吸新鲜空气,享受大自然带来的美,能让人产生良好的心境和情绪。生动活泼、健康文明、喜闻乐见的校园体育文化活动,能给参加者带来一定的审美愉悦,从而产生良好的心境和情绪。

第三,参加体育比赛也是治疗心理脆弱,培养坚定意志,培育良好社会人格的方法。因为激动人心的拼搏过程和大起大落的竞争结果的反复刺激,能有效地缓解心理压力,增强人们的抗压能力和处理复杂社会关系的心理能力,促进身心的和谐发展。

二、激励导向功能

(一)激励功能

人的精神生活想要得到满足,那么需要成就感、存在感以及安全感的支持,开展体育活动有助于人获得积极向上的奋发精神,有助于人精神生活的充实和满足。

第一,大学体育文化可以激发大学师生以及教职员工身体当中的积极因素,让他们形成积极的动机,引导他们树立更远大的人生目标。体育文化当中涉及竞争、超越,这样的竞争精神、超越精神可以刺激大学师生以及教职工精神力量的发展,在这样的刺激下,大学师生对体育运动活动以及竞赛会形成更强烈的参与动机、参与兴趣。在不断参与的过程中,他们的能力水平会有一定的提升,对体育会有更大的兴趣,会设置更大的目标,在不断完成目标的过程中积极努力、奋发向上。

第二,大学体育文化具有的体验性特点强调师生的参与感,在参与体育活动的过程中,可以培养师生的团队意识、奉献意识,培养师生的团结互助精神。在参与体育文化活动的过程中,所有的成员都要尊重对手。体育文化活动更注重参与,注重让所有成员在参与的过程中享受体育活动的乐趣,体会到团结奋斗的体育精神。

第三,大学体育文化的规制性特点强调尊重比赛、尊重对手。规制性特点为体育比赛的开展设置了规则。规制性要求所有的体育比赛参与者都需要遵循比赛规则,尊重对手,公平公正地参与体育竞争。大学师生开展的教学活动、学习活动很多都是存在竞争的,在这样的活动中,师生只有学会了尊重对手、尊重规则才能在规则的约束下有序地开展各项活动。而且,遵循规则、彼此尊重可以让所有的活动参与者彼此信任、彼此尊重、彼此支持,所有人都可以在比赛和活动中享受到尊重感、成就感,这可以在一定程度上激发参与者对活动的兴趣和热情。

大学体育文化强调的体育精神可以为全体师生以及教职工的成长提供精神力量,全体师生的精神需要可以从体育文化活动当中得到满足。体育文化活动中,师生可以获得尊重感、成就感、归属感,在学校举办的各种类型的运动会当中,无论是个体项目还是团体项目,都彰显了参与者自强不息的运动精神,也可以看到参与者展现出来的集体荣誉感、爱国精神、民族精神,这些精神都可以让全体师生感觉到自己身为中国人的自豪感、使命感。总的来看,大学体育文化主要是从目标、尊重以及参与三个角度对师生进行激励,以此来完成大学在育人发展方面设置的目标。

(二)导向功能

大学体育文化当中包含的正确价值观、和谐健身观以及强调参与的世界观,能够对大学师生的健康发展形成积极正向的引导,可以让大学师生形成乐观的精神状态,可以在一定程度上避免消极情绪、悲观情绪、颓废状态对校园文化精神产生的不良影响。大学当中的学生身心发展还没有达到完全成熟状态,这时候有极强的可塑性,但是也需要注意到这个时期的学生容易受到其他因素的影响,所以,这时大学必须在校园内宣传积极的正确的文化,对学生进行正确的引导。体育文化当中的公平竞争、团结互助、积极向上的观念可以对学生的发展产生正确的引导,可以让学生树立正确的世界观、人生观、价值观。大学可以借助体育活动培养学生的爱国精神、爱岗敬业精神、全力以赴的拼搏精神,让学生有更强烈的责任感、进取心,让学生有勇气承担社会责任、家庭责任,引导学生勇敢追逐自己的梦想,敢于拼搏。

三、规范德育功能

规制性特征是大学体育文化的典型特征,规范性功能是大学体育文化的重要育人功能。有规有范,由规而范,有范有德,大学体育文化育人以德为上。

(一)规范功能

规范功能指的是大学师生处于校园文化环境当中会受到校园文化的熏陶和影响,与此同时,校园文化也会对师生的思想发展、行为变化产生制约。[①] 虽然大学体育文化中涉及竞争、超越和极限挑战,但是,大学体育文化始终把公平公正地参与体育活动、尊重对手、遵守规则作为体育文化活动开展的基本原则。当前社会大学为了让人才更好地适应社会、适应市场竞争,必须培养人才的竞争意识,这也是大学育人工作当中的重点内容。大学体育文化具有的规范功能强调,参与体育活动的参与者必须遵守规则和法治的要求,大学体育文化制度通过制度的方式引导全校师生建立一致的体育规范认知,引导师生认可共同的道德规则,在学校内形成良好的精神文化氛围,并且通过制度的作用来约束个体行为。也就是说,大学可以通过体育制度文化去约束师生的个体行为,大学会利用道德教育以及法治教育引导学生形成正确的道德认知,遵守道德原则。在这样的背景下,学生会将道德标准慢慢地内化成自身的道德意志,道德意志又会指导学生的行为,从内部去约束学生行为,让学生的行为符合道德规范的要求。但是,体育制度文化不同,它是从外部角度设置规章制度,从外部角度对学生的行为进行约束和规范,大学体育文化具有的规范功能可以更好地培养大学师生,让他们形成公平公正参与竞争的精神和意识。

---

① 张鹏.高校体育文化教育与运动研究[M].长春:吉林科学技术出版社,2020.

(二)德育功能

学校的德育课程一般进行一些基本的公民道德教育、道德品质教育、道德理想教育以及行为规范和文明习惯教育,而德育的关键在道德实践,大学体育物质文化中体育场馆的使用规则,琳琅满目的体育器材的借还手续,无时无刻不在进行着文明习惯和行为规范的教育,体育名人轶事也在无形中激励着师生们奋发向上、努力拼搏。体育运动中的公平竞赛精神、公正裁判精神、"更高、更快、更强"的体育精神,都体现着"正能量"的体育精神文化。在此文化熏陶下,大学师生更容易树立崇高的道德理想,培养高尚的道德情感,更好地形成正确的道德认知,强化坚定的道德意志,产生良好的道德行为,积极践行社会主义的道德原则和道德标准,养成优良的道德品质和个人作风。体育的竞争精神激励人们胜不骄、败不馁,"更高、更快、更强"地激励人们挑战极限,超越对手,顽强拼搏,矢志进取,百折不挠,砥砺人们的意志,形成良好的个人道德品质;体育的"公开、公正、公平"精神要求人们"光明磊落",以正当的手段谋取正当的利益,培养人们良好的职业道德;体育的团队精神,要求人们"公正无私",提倡奉献精神,提升人们的社会公德水平。

四、能力培养功能

高等教育正在普及,在这样的情况下,大学阶段成为人们智力开发、能力培养的重要阶段。大学体育文化可以让大学师生以及教职工学习更多维持身体健康的体育技能,也可以让他们在体育锻炼中完善人格,有助于他们的全面发展。

第一,大学体育文化可以让大学师生以及教职工学习更多维持身体健康的体育技能,大学教育之前的小学和初中教育更加注重科学文化知识的讲授,并没有过多地关注身体技能以及身体健康知识的讲解,到了大学,学生才能充分发展自己在体育方面的爱好,才有机会关注身体的健康发展。在大学期间举办的各种体育活动、学习的各种体育课程能够帮助学生掌握更多的有关身体健康方面的知识,也可以让学生了解保持身体健康的相关体育技能,只有注重身体健康的保护,才能有更充沛的精力面对未来社会的激烈竞争。

第二,大学体育文化有助于培养学生的社会人格。大学体育文化注重公平竞争,这样的体育精神既可以让师生感受和了解彼此尊重的重要性,也能够激发师生参与体育活动的兴趣。除此之外,大学体育文化还强调团队精神,参与体育文化活动,师生的合作能力可以得到有效培养,有助于师生形成更强的自信心,也有助于他们能力的提升。与此同时,体育文化活动强调师生的亲自参与,在亲自参与的过程中,动手能力、组织能力、执行能力都会得到有效提升。此外,大学体育文化具有的规制性也可以让师生感受到规则制度的约束性,可以让学生真正理解社会规则,这有助于培养学生的社会性人格。

第三,大学体育文化有助于师生的全面成长,有助于师生能力素质的综合提升。通常情况下,大学师生开展的是脑力活动,不涉及过多的体力劳动,在这样的情况下,大学师生有非常强的思维能力、指导能力和表达能力,但是,在实际动手和执行的过程中,就会发现能力不足,也就是说,智力发展得到了较好的培养,但是生理功能的发展没有跟上。大学体育文化可以借助于体育实践锻炼提升大学师生的动手能力、执行能力,在实际的参与过程中,师生可以掌握更多的技能,积累更多的经验,可以更好地在实践中发挥他们的思维能力、表达能力、指导能力。

综上所述,大学体育文化对于育人来讲有非常重要的作用,有助于大学对师生的锻炼、塑造和培养。

第三节　大学体育文化育人的研究路径

一、弘扬大学体育精神文化

大学体育文化,作为大学体育教育的中心和精髓,其文化精神决定了大学体育文化是否能在大学体育活动中充分发挥其教育功能,并决定了大学体育文化教育的方向和目标。为了塑造大学体育的精神文化,我们需要确立一个正确的体育观念,并将体育视为生活中不可或缺的一部分,因为体育不仅是一种休闲和娱乐活动,也是一种日常消费和竞争;这不仅是锻炼身体的方法,同时也是塑造个性的关键途径。体育锻炼不仅是一种健康、文明、科学的生活方式,也是获取身心健康的重要途径。因此,有必要培育大学教师和学生的体育道德观念和行为模式,加强他们对体育的认识,并帮助他们确立终身参与体育的观念。在大学中,我们应该深化和推广如奥运、女排等崇高的体育精神,并深入挖掘其中蕴含的爱国、民族、进取、奉献、参与、竞争、开放和包容等精神。这样可以提高大学教师和学生的体育文化修养,并确保大学体育文化在培养体育精神、激励学生和规范道德教育方面发挥最大作用。

二、建设大学体育物质文化

大学体育物质文化是大学与体育有关的物质实体,以及体现出文化意蕴的可感知的体育物质产品。① 大学体育文化活动的成功实施依赖于物质文化作为其基础和主要载体,只有当物质文化得到充分保障时,体育文化才能充分发挥其在教育人才方面的作用。在大学体育文化中,物质文化主要是通过如体育场所、体育设备、体育设施和体育建筑等可见和可感知的元素来体现的。这些元素能够传达出体育的价值观、观念和意志。因此,在构建体育物质文化环境的过程中,学校应当增加财政投入,以便为学生营造一个更具吸引力的学习环境,从而激发他们对体育活动的热情,并培养他们对体育的兴趣。在构建体育设施的过程中,我们必须重视体育设施的整体性、民族性、分层性和普及性。在展示文化内涵的同时,也要满足不同教师和学生的多层次需求。只有当教师和学生的多层次需求得到满足时,体育设施才能得到充分的利用,从而避免其闲置。

---

① 赵红,周士杰.高校体育文化育人功能研究[J].理论观察,2017(03):164-166.

三、完善大学体育制度文化

大学体育的文化制度为体育文化的教育工作提供了坚实的制度支撑,这种制度有助于将与大学体育相关的物质和精神文化紧密联系起来,确保各种文化元素都能共同展现其价值。体育的精神文化进步依赖于物质文化的支撑,然而,物质文化与精神文化之间的紧密联系也依赖于外部的制度文化作为其基础支撑。为了进一步完善大学体育的制度和文化,我们不仅需要遵循与体育相关的法律和法规,还需要在管理观念和方法上进行创新和改革。体育制度不仅应涵盖教学内容,还应包括设备的管理、员工的管理、比赛的组织、活动的策划以及宣传活动的管理等多个方面。体育制度是开展其他活动时必须遵守的基本准则,因此,只有从一个系统化的视角来建设体育制度文化,体育制度才能发挥其指导作用,才能有效地指导体育文化育人活动的实施。

第三章 大学体育运动训练的理论

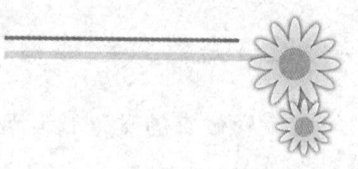

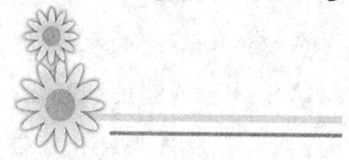

第一节 大学体育运动训练的基础

一、运动训练的定义与概述

运动训练是一项在科学指导下进行的、旨在提高人体运动能力和技术技能、提升运动成绩的系统性活动。作为一种特殊的教育活动,它通过提供特定的体育运动环境和条件,激发人们的潜在能力,以达到提升身体素质、增强运动技能、改善运动表现的目的。

对于大学体育运动训练,尤其需要强调其教育功能。除了提升学生的身体素质、增强运动技能,更重要的是通过运动训练的过程,培养学生的团队精神,提高他们的心理素质,塑造健康的生活方式和积极的人生态度。

运动训练的概念及其内涵是多元化的。在最广泛的层面上,运动训练包括从业余爱好者的日常锻炼,到职业运动员的专项训练,再到特殊群体的康复训练等各种类型。运动训练既可以是群体性的,比如团队训练,又可以是个体性的,比如个人训练。运动训练既包括实践操作,也包括理论学习。运动训练涉及的内容多种多样,既包括基本的体能训练、技能训练,也包括复杂的战术训练、心理训练,还有关于营养、休息、恢复等方面的知识。

在训练过程中,科学的方法和理论是引导训练有效进行的关键。运动训练要遵循一定的科学原则。例如,要遵循个体差异原则,每个人的体质、天赋、性格、兴趣等都有差异,因此在运动训练中要因人制宜,满足不同训练者的需要。同时,训练过程中要遵循渐进负荷原则,逐步提高训练强度,避免突然增大负荷导致的运动伤害。再者,要考虑训练者的心理承受能力,恰当的激励和奖励机制有助于提高训练者的积极性和主动性。以上这些都体现了运动训练的科学性和人性化。[①] 大学体育运动训练旨在通过有计划、有步骤的训练,使学生提高身体素质、增强运动技能,同时培养他们的团队协作精神、竞争意识、挫折承受能力、时间管理能力等,为他们的全面发展打下基础。

因此,运动训练不仅是一种技术活动,也是一种教育活动。它融合了生理、心理、技术、策略等多种要素,是全面提升人的体质、技能、心理素质的重要方式,更是塑造健康人生观,形成积极人生态度的重要载体。在大学环境下,运动训练更是成了教育工作中不可或缺的一部分,通过对学生进行全方位的运动训练,可以使他们在增强体质、提高技能的同时,也能够更好地发展他们的社会性、团队精神和心理素质,为他们的未来做好充分的准备。

二、运动训练的目标与意义

(一)运动训练的目标

运动训练的目标通常是多层次、多元化的,可根据不同的训练需求和环境进行设置。在大学体育运动训练中,它的目标通常包括以下三方面。

1. 提升体能素质

提升体能素质对于运动员来说至关重要,这是他们进行运动训练的基石。只有拥有良好的体能,运动员才能够承受高强度的训练,并在比赛

[①] 邹文超,穆涛.大学体育教学中体育与心理训练融合的策略探究[J].当代体育科技,2016(36):49-50.

中取得出色的成绩。然而,体能训练的重要性不仅限于专业运动员,对于普通大学生而言,提升体能素质同样能够增强身体的抗逆能力,提高生活质量。

如今,随着现代生活方式的改变,很多人久坐不动,缺乏运动,导致肌肉力量下降,体力逐渐衰退。而通过进行体能训练,我们可以增强肌肉力量、提高心肺功能和灵活性,从而改善身体的健康状况。这使得我们能够更好地应对日常生活中的各种挑战,比如长时间工作、爬楼梯、搬运重物等。提升体能素质使我们的身体更加强壮和健康,减少了患病的风险。

生活中常常会面临各种突发情况和紧急状况,比如遭遇自然灾害、需要应对突发事件等。在这些困难时刻,拥有良好的体能素质可以帮助我们更好地适应环境变化和压力,增强抵抗力,提高自救能力。例如,在灾难发生时,身体强壮的人更有可能逃离危险区域或提供帮助给其他人。通过体能训练,我们可以培养出对抗逆境的意志力和毅力,更好地应对生活中的各种挑战。

随着社会的发展,我们的生活越来越忙碌,经常处于高度紧张的状态。在这种情况下,我们往往感到疲倦和压力过大。通过进行体能训练,我们可以释放压力,提高身体的能量和活力。体能训练不仅可以促进身体健康,还可以改善心理状态和精神状态。拥有良好的体能素质,我们能够更好地享受生活,更有活力地投入工作、学习和社交活动中。

2. 提升技术技能

提升技术技能对于在特定运动项目中取得优秀成绩至关重要。无论是篮球、足球、网球还是游泳等,技术技能的熟练程度直接影响着运动员在比赛中的表现。通过系统的运动训练,可以帮助运动员不断提高技术技能,从而取得更好的运动成绩。

运动技术是一种复杂的运动动作,需要精确的动作协调和良好的身体控制。在运动训练过程中,教练员会根据个人特点和运动项目的要求,设计出相应的训练计划,通过反复练习和指导,帮助运动员逐渐掌握技术细节，提高动作的准确性和效率。① 例如，在篮球训练中，运动员会进行反复投篮、运球和传球的训练，以提高投篮的命中率和传球的准确性。通过不断地训练和实践，运动员能够将技术技能转化为条件反射，从而在比赛中做出更加准确和高效的动作。

在竞技体育中，优秀的技术技能是取得胜利的关键。通过不断磨炼和提升技术技能，运动员能够在比赛中运用更加高效和精确的技术动作，从而获得更大的竞争优势。例如，在足球比赛中，一位技术娴熟的前锋可以通过灵活的脚法和准确的射门技术，增加进球的机会，为球队赢得胜利。通过不断提高技术技能，运动员能够在比赛中更好地应对各种情况和对手的防守，提高胜率和成功率。

技术技能的提高往往伴随着对运动项目的深入理解和掌握。当运动员具备了扎实的技术基础和丰富的比赛经验时，他们在比赛时会更加自信和从容。他们能够更好地应对竞争的压力，保持良好的心理状态，并且更加坚定地相信自己能够胜利。自信心和良好的心理素质在竞技体育中起着至关重要的作用，它们能够激发运动员的潜能、提高他们的表现和成绩。

3. 提升心理素质

提升心理素质在运动训练过程中具有重要意义。运动不仅是对身体的训练，同时也是对心理素质的培养。通过系统的运动训练，运动员可以培养出强大的竞技心理素质，如抗压能力、挫折忍受力和决断力，以更好地应对高强度和高压力的比赛环境。

在竞技体育中，比赛的高压力环境常常会给运动员带来心理上的压力。而拥有良好的心理素质能够使运动员在高压力下保持冷静、集中注意力，并能够做出正确的决策。② 通过训练，运动员可以面对各种竞技场景和压力，逐渐适应并超越自己的极限。他们学会在紧张的情况下保持

---

① 刘淑梅,田世华,宋湘勤.大学体育文化与运动技能教程[M].西安:陕西人民教育出版社,2018.

② 沈建敏.体育教学创新与运动训练研究[M].北京:新华出版社,2018.

冷静,发挥出最佳水平。抗压能力的提升使得运动员能够在比赛中更好地应对压力,更好地发挥自己的实力。

在运动中,遭遇失败和挫折是不可避免的。然而,运动训练能够帮助运动员树立正确的心态,学会从失败和挫折中吸取经验和教训,并且坚持不懈地努力提高。通过不断面对挑战和战胜困难,运动员逐渐培养出坚韧的品质,不轻易放弃,乐观面对困难。挫折忍受力的培养使得运动员能够在困境中保持积极的心态,坚持追求目标,并最终取得成功。

在竞技体育中,往往需要在瞬息万变的比赛环境中做出快速而准确的决策。通过不断的训练和积累比赛经验,运动员能够培养出敏锐的观察力、分析能力和决策能力,他们学会在短时间内做出正确的判断、做出适应性强的决策,以最有效的方式应对不同的比赛局面。

(二)运动训练的意义

运动训练的意义主要表现在以下几个方面。

1.健康的身体

运动训练对维持健康的身体状况具有重要作用。通过运动训练,我们可以提升体质、增强身体的抵抗力,减少疾病的发生,并且形成健康的生活习惯,特别对于大学生来说,运动训练更是维持良好身体状态的重要手段。

定期参与运动训练可以增加肌肉力量、改善心肺功能、增强耐力和灵活性。通过有针对性的锻炼,我们可以让身体变得更加强壮、有活力,提高身体的运动能力。例如,有氧运动如慢跑、游泳和骑自行车可以增强心血管功能,提高心肺耐力;力量训练可以增加肌肉力量和骨骼密度;灵活性训练如瑜伽、拉伸可以增加关节的灵活性和稳定性。通过提升体质和身体素质,我们可以更好地应对日常生活中的各种活动和挑战。

运动能够提高免疫系统的功能,增强身体抵抗疾病的能力。研究表明,适度而规律的运动可以增强免疫系统的效能,降低患上慢性疾病和感染的风险。此外,运动还可以促进血液循环,加快氧气和营养物质的输送,加速身体康复和自我修复的过程。运动训练还可以帮助控制体重、降低血压和改善血脂水平,从而减少心血管疾病、糖尿病和肥胖等慢性病的风险。

大学生常常面临学业压力和生活琐事,容易忽视身体健康。而通过参与运动训练,他们可以养成定期锻炼的习惯,增加运动时间,培养良好的生活方式。运动训练不仅可以改善身体状况,还能够提升心理状态,减轻压力和焦虑,增加生活的乐趣和幸福感。运动训练也可以成为与他人交流和社交的机会,扩大社交圈子,促进人际关系的发展。

2.提高运动技能

通过运动训练,学生有机会掌握各种运动技能,从而提高自己的运动水平。这不仅能够在运动比赛中取得更好的成绩,还能够使他们终身受益。

无论是足球、篮球、网球还是游泳等运动项目,都有其独特的技术要求和技能要素。通过系统的训练,学生可以逐步掌握运动项目所需的动作技巧、战术意识和协调能力。例如,在足球训练中,学生可以学习如何控球、传球、射门以及如何在比赛中与队友合作等技术技能。通过不断的练习和指导,学生可以逐渐提高技术水平,从而在比赛中取得更好的成绩。

运动素养是指在不同运动项目中的基本运动能力,如灵活性、敏捷性、平衡性和协调性等。通过系统的训练,学生可以提高这些基本的运动素养,使自己在各种运动项目中都能够表现出色。良好的运动素养不仅有助于提高身体机能,还可以改善身体姿态和运动技巧,减少运动损伤的发生。无论是在比赛中还是日常生活中,学生都能够展现出更好的身体协调和运动能力。

运动训练往往需要坚持和持之以恒,面对困难和挑战,学生需要具备积极的心态和不屈不挠的毅力。通过不断地克服困难和挑战,学生能够培养出不轻易放弃的精神品质,并且在运动训练中不断超越自我。这种意志力和毅力不仅在运动领域有所体现,而且能够在学习、工作和生活的方方面面发挥积极的作用。

3. 塑造个性,培养品质

运动训练不仅是技能的培养,还是个性塑造和品质培养的过程。在运动训练中,学生面对的困难和挫折是对他们意志品质的考验和锤炼。通过运动训练,学生可以培养出坚韧不拔的精神,学会如何面对困难和挫折。

运动训练往往需要长时间的投入和不断的努力。学生可能面临反复失败、疲劳和挑战自己极限的困境。然而,只有坚持不懈、毫不放弃的精神,才能克服困难并取得进步。通过运动训练,培养学生坚韧不拔的毅力,战胜困难,并在面对挑战时保持积极的态度。这种毅力和决心不仅在运动中有所体现,而且可以在学习、事业和生活中发挥重要的作用。

在团体运动项目中,学生需要与队友协作,共同达成目标。通过与他人合作、沟通和协商,学生学会尊重他人、倾听他人的意见,并发挥自己的领导才能。在竞技体育中,学生还可以担任领导角色,带领团队取得成功。通过团队合作和领导能力的培养,学生能够在团队中发挥作用,并学会与他人合作,培养出良好的人际关系和合作能力。

通过不断的训练和努力,学生可以提高自己的技能水平和表现能力。成功的经验和成就感可以增强学生的自信心和自尊心,让他们相信自己的能力,并有勇气追求更高的目标。学生会发现自己的潜力和价值,从而塑造积极向上的个性。

4. 促进全面发展

运动训练在全面发展教育中扮演着重要的角色。它不仅可以提升学生的身体素质和技术技能,还可以培养他们的心理素质和社会技能。这种全面的发展对学生未来的成长和发展具有重要作用。

通过参与运动训练,学生能够增强肌肉力量、提高心肺功能、提高灵活性和协调性。这不仅有助于预防慢性疾病的发生,还能提高免疫系统的功能,增强身体的抵抗力。此外,运动训练还可以控制体重、调节代谢,减少肥胖和相关健康问题。通过运动训练,学生能够拥有健康的身体,为未来的成长和发展奠定坚实的基础。

无论是团体运动还是个人项目,运动训练都要求学生掌握特定的技术和技能。通过系统的训练和反复的练习,学生能够逐步提高技术水平,掌握运动项目所需的动作技巧和战术意识。这不仅提升了他们在运动比赛中的竞争力,还培养了他们的观察力、判断力和决策能力。技术技能的发展使学生能够在各种运动项目中展现出色,同时也增加了他们的兴趣和参与度。

运动训练要求学生勇于面对困难、挫折和竞争压力,从而培养了他们的抗压能力、毅力和自信心。运动训练中的挑战和成功经验能够增强学生的自尊心和自信心,培养学生积极向上的心态。同时,运动训练也是一个锻炼意志力和坚持力的过程,通过克服困难和挫折,培养学生坚韧不拔的品质。这些心理素质对学生未来面对各种挑战和压力具有重要的支持作用。

在团体运动中,学生需要与队友合作、协调和沟通,共同追求团队的目标。通过与他人合作、交流和协商,学生能够培养出良好的人际关系和团队意识。在竞技体育中,学生还有机会担任领导角色,提升自己的领导能力。这些社会技能对学生未来的职业发展和社交交往都具有重要的意义。

三、运动训练的分类与特点

在体育领域,运动训练的分类多种多样,反映了训练的多元性和复杂性。每一种训练方式都有其独特的训练目标、应用场景和训练效果。以下是几种常见的运动训练的分类及其特点。

(一)按照训练的目标和内容分类

按照训练的目标和内容分类,运动训练可以分为体能训练、技术训练、战术训练、心理训练和康复训练。

1.体能训练

体能训练是提高运动员身体素质的重要手段,它包括力量、速度、耐力、灵敏度和柔韧性等方面的训练。通过系统的体能训练,运动员可以提高身体的运动能力和抗逆能力,以更好地适应高强度的训练和比赛。

通过力量训练,运动员可以增加肌肉的力量和耐力,提高爆发力和肌肉协调能力。力量训练包括重量训练、核心稳定性训练和身体平衡性训练等。例如,举重、俯卧撑和深蹲等重量训练可以增加肌肉的力量和负荷承受能力。核心稳定性训练可以加强腹部、腰部和臀部等核心肌群的力量和稳定性。通过力量训练,运动员可以增强爆发力,提高身体的稳定性和控制能力,从而在比赛中发挥出更好的力量水平。

速度训练对提高运动员的速度和爆发力非常重要。速度训练包括短跑、爆发力训练和加速度训练等。通过进行短跑和爆发力训练,运动员可以提高起跑速度和加速度,增强爆发力和快速反应能力。加速度训练可以帮助运动员在短时间内达到最大速度,并保持稳定的速度。通过速度训练,运动员可以提高整体速度水平,更快地完成各种运动动作,从而在比赛中占据优势。

耐力训练包括有氧运动、长跑和间歇训练等。有氧运动如长跑、游泳和骑自行车可以提高心肺功能和耐力水平。长跑和间歇训练可以让运动员逐渐适应和延长运动的持续时间,提高耐力水平和延缓疲劳的能力。耐力训练使运动员能够在比赛中保持较长时间的高强度活动,并提高恢复能力,以保持持久的表现。

灵敏度训练包括敏感性训练、协调性训练和反应性训练等。通过灵敏度训练,运动员可以提高身体的敏感度和反应速度,增强协调性和灵活性。柔韧性训练包括拉伸、瑜伽和功能性训练等,可以增加肌肉和关节的柔韧性,减少运动损伤的发生。

2.技术训练

技术训练是提升运动员在特定运动项目中的技术水平的重要环节。它的主要目标是通过系统的训练和专业教练的指导,确保运动员的技术动作正确、有效,并在比赛中发挥出最佳水平。

无论是足球、篮球、网球还是游泳等运动项目,都有其独特的技术要求和技能要素。通过技术训练,运动员可以逐步掌握和完善运动项目所需的基本动作技巧,包括传球、射门、发球、击剑动作等。专业教练会针对每个动作进行细致的指导和纠正,以确保动作的正确性和效果。通过反复的练习和模仿,运动员可以逐渐将基本动作内化为自己的运动能力,形成熟练的技术基础。

在运动项目中,除了熟练的基本技术外,运动员还需要具备良好的战术意识和策略应用能力。技术训练将注重教授运动员如何根据比赛情况和对手特点,灵活应用技术,制定战术策略。例如,在篮球比赛中,运动员需要学习如何与队友配合,选择最佳的传球路线和射篮时机;在足球比赛中,运动员需要学会如何与队友协作,抢断对手、传球和射门等。通过技术训练,运动员可以增强战术意识和决策能力,更加灵活和智慧地应对比赛局面。

在运动项目中,细节决定成败。技术训练通过反复的练习和纠正,注重动作的细节和精确性。例如,在乒乓球训练中,运动员需要掌握正确的握拍姿势、球的发力点和击球的力度;在游泳训练中,运动员需要掌握正确的呼吸节奏和泳姿。专业教练会对运动员的技术细节进行监督和指导,帮助他们不断完善技术动作,以提高技术的精确性和效果。

随着运动科学和技术的不断发展,新的训练方法和技术手段不断涌现。技术训练不断引入新的训练理念和技术手段,以适应时代的发展和运动项目的变革。通过创新和适应性的技术训练,运动员能够掌握最新的技术和战术,提高自己的竞技水平。

3. 战术训练

战术训练是提升运动员比赛策略和决策能力的重要环节。它的主要目标是通过模拟比赛情境,让运动员在实战中提升战术应用能力,并能够灵活地应对各种比赛局面。

战术意识是指运动员在比赛中对局势的敏感度和理解能力。通过战术训练,运动员可以学习如何分析比赛形势、评估对手实力和制定应对策略。运动员需要了解自己队伍的优势和弱点,善于发现对手的弱点并利用战术手段制造优势。① 例如,在篮球比赛中,运动员需要学会如何组织进攻、控制比赛节奏和防守策略;在足球比赛中,运动员需要学会如何调整战术阵型、协作防守和进攻策略。战术意识的培养可以提高运动员的战术敏锐度和决策能力,使他们能够在比赛中做出正确的战术决策。

在团队运动项目中,团队的战术配合至关重要。战术训练通过模拟比赛情境,让运动员在实战中进行团队合作和战术配合的训练。运动员需要学会与队友进行默契的传球、跑位和配合,以实现战术目标。在比赛中,团队的战术配合能够形成整体优势,并最大限度地发挥每个队员的优势。通过战术训练,运动员可以增强团队合作意识和配合能力,实现整体实力的提升。

在比赛中,局势常常发生变化,运动员需要根据实际情况灵活应对。战术训练通过模拟比赛情境,让运动员在真实的比赛环境中进行应变能力的训练。运动员需要学会根据比赛局势调整战术策略,做出正确的决策。这要求运动员具备快速的反应能力、敏锐的观察力和良好的决策能力。通过战术训练,运动员可以提高应变能力和决策能力,使他们能够在比赛中迅速做出正确的战术调整,以应对各种局势变化。

技术和战术是相辅相成的,技术水平的提高能够支持战术的实施,而战术的运用也能够促进技术的进步。战术训练通过将技术和战术有机结合,帮助运动员更好地理解战术的要求,并将其转化为具体的技术动作。运动员在训练中不仅要熟练掌握技术要素,还要了解如何在比赛中应用这些技术以实现战术目标。通过技术和战术的有机结合,运动员能够在比赛中发挥出更好的水平。

4.心理训练

心理训练是提升运动员心理素质的关键环节,其主要目标是通过专业的心理咨询师的指导,提升运动员的抗压能力、专注力、自信心等心理素质。

---

① 谢宾,王新光,时春梅.高校体育教学与运动训练研究[M].长春:吉林人民出版社,2021.

在竞技体育中,运动员常常会面临来自比赛压力、外界期望和自我要求等各种压力。心理训练通过专业的咨询师指导,帮助运动员学会认识和应对压力,建立积极的心态和情绪调控能力。通过心理训练,运动员可以学会放松自己、控制情绪,保持冷静和专注的状态,以更好地应对比赛中的压力和挑战。

在竞技体育中,专注力是运动员取得优秀表现的重要因素。心理训练可以帮助运动员学会集中注意力,提高专注力的稳定性和持久性。通过训练和技巧,运动员可以学会过滤干扰、集中精力,全神贯注地投入比赛。专注力的提高能够帮助运动员更好地把握比赛机会、做出准确的判断和决策,并在关键时刻发挥出最佳水平。

自信心是运动员在比赛中取得成功的重要心理素质。通过心理训练,运动员可以学会树立正确的自我形象、相信自己的能力和潜力,并在比赛中展现出自信的一面。心理咨询师可以通过激励和积极的心理暗示等方式,帮助运动员建立积极的自我评价和自我肯定,培养健康的自尊心和自信心。自信心的提升有助于运动员在比赛中保持积极的态度、克服困难和挫折,以及释放出潜在的实力和能力。

心理咨询师通过与运动员合作,可以帮助他们制定明确的短期和长期目标,并提供具体的计划和策略来实现这些目标。通过设定目标,运动员能够更好地聚焦和努力,增强训练和比赛的动力。心理咨询师还可以运用激励和鼓励的手段,帮助运动员保持积极的心态和高昂的斗志,克服困难和挑战,并坚持追求自己的目标。

5.康复训练

康复训练是帮助运动员恢复身体状态、缓解训练和比赛带来的身体疲劳和伤病的关键环节。其主要目标是在医生或康复师的指导下,通过一系列的治疗和训练手段,帮助运动员尽快康复并恢复到最佳的身体状态。

运动员在训练和比赛中经常面临身体损伤和疾病的风险,康复训练首先需要对伤病进行准确的诊断和评估。医生或康复师会进行综合的身体检查和病史调查,以确定伤病的类型、程度和影响范围。根据诊断结果,制定相应的治疗方案,包括物理疗法、药物治疗、康复训练等。通过综合的治疗手段,康复训练能够有效地帮助运动员恢复受损的组织和功能。

一旦伤病得到控制和治疗,康复训练会重点关注康复阶段的训练和恢复。康复师会制订个性化的康复计划,根据运动员的具体情况和伤病的特点,进行逐步恢复的训练。康复训练的内容包括逐渐增加的运动强度、特定的康复性运动、灵活性训练、平衡训练和功能性训练等。通过逐步恢复训练,运动员可以加强受损部位的力量和稳定性,恢复正常的运动模式和功能,以实现完全康复。

受伤病的影响,运动员常常会面临心理压力和负面情绪。康复训练不仅注重身体的康复,还注重运动员心理的康复。康复师会与运动员进行沟通和交流,提供必要的心理支持和鼓励,帮助运动员调整心态,建立积极的心理状态和应对策略。通过心理支持和调适,运动员能够更好地面对挑战,保持积极的康复态度,并使其恢复到最佳的竞技状态。

在运动员康复过程中,康复师会进行定期的监测和评估,以确保康复进展的有效性和安全性。康复师会密切关注运动员的康复情况,及时调整康复计划和训练内容,以最大限度地减少康复后的复发和再伤。同时,康复训练也会重点强调预防伤病的措施和指导。通过提供适当的康复锻炼和身体管理建议,运动员可以更好地预防伤病的发生,保持良好的身体状态和健康。

(二)按照训练的强度和密度分类

按照训练的强度和密度,运动训练可以分为高强度训练、中强度训练和低强度训练。

1. 高强度训练

高强度训练是一种要求运动员在短时间内进行大强度、高密度训练的训练方式。它对运动员的身体素质和心理素质提出了较高的要求。高强度训练可以显著提升运动员的体能水平和技术水平,但同时也存在一定的风险,容易引发身体疲劳和伤病。

通过高强度的训练,运动员可以增加肌肉力量和耐力,提高爆发力和灵敏度。高强度训练通常包括高强度间歇训练、重量训练和爆发力训练等。例如,高强度间歇训练可以在短时间内进行高强度的运动,如短跑、爬楼梯和蹦跳等,以提高心肺功能和耐力水平。重量训练可以增强肌肉的力量和负荷承受能力,从而提高运动员的爆发力和动作稳定性。通过高强度训练,运动员可以迅速提升体能水平,适应更高强度的训练和比赛。

在高强度训练中,运动员需要在疲劳和压力的情况下保持良好的技术执行能力。通过高强度的技术训练,运动员可以提高动作的准确性、速度和稳定性。例如,在篮球训练中,运动员需要在高强度的防守压力下保持准确的传球和投篮动作;在游泳训练中,运动员需要在高强度的泳行中保持流畅的姿势和呼吸节奏。高强度训练可以帮助运动员在疲劳状态下保持技术的稳定性,提高技术的适应性和应变能力。

由于高强度训练要求运动员在较短时间内进行大强度的训练,身体容易累积疲劳,导致过度训练和运动损伤的发生。为了降低伤病的风险,在高强度训练中需要注意合理安排训练强度和休息时间,并根据个体差异进行个性化的训练计划。此外,运动员应该注重运动前的热身和拉伸,保持良好的体态和运动技巧,以减少运动伤害的发生。

2. 中强度训练

中强度训练是一种训练强度和密度适中的训练方式,适合大多数运动员。它的目标是在身体不过分疲劳的前提下,提升运动员的体能水平和技术水平。中强度训练可以带来良好的训练效果,同时不易引发身体疲劳和伤病。

通过中强度的训练,运动员可以适度地增加运动强度和运动时间,从而提高心肺功能、肌肉力量和耐力水平。这种训练方式既能激发身体的潜能,又能避免过度疲劳和过度训练的风险。中强度训练通常包括有氧运动、循环训练和间歇训练等,运动员可以根据自己的需求和目标进行合理选择和安排。

中强度训练可以提供适度的挑战和压力,增强运动员在技术动作上的改进。在中强度的训练过程中,运动员可以更加专注地进行技术训练和技术细节的优化。通过反复练习和模仿,运动员可以逐渐提高技术动作的准确性、速度和稳定性。中强度训练还可以通过游戏化和竞争性的元素,增加训练的趣味性和动力,激发运动员的学习兴趣和积极性。

中强度训练强度适中,能够给予身体适当的刺激,同时兼顾身体的适应和恢复。适度的训练强度可以激发身体的生理反应和适应能力,促进肌肉力量和耐力的提高。同时,适度的训练强度也会给予身体足够的恢复时间,降低身体疲劳和伤病的风险。在中强度训练中,运动员需要合理安排训练和休息时间,及时调整训练计划,以确保身体的健康和安全。

3. 低强度训练

低强度训练是一种训练强度小、密度低的训练方式,适合初级运动员和身体状态不佳的运动员进行。它的主要目标是帮助运动员维持良好的身体状态、恢复体能并逐步提升技术水平。低强度训练注重运动员的基础训练和身体调适,同时也是从容适应更高强度训练的基础。

初级运动员通常对运动技术和体能要求不高,因此低强度训练提供了一个逐渐适应训练的过程。这种训练方式注重基本动作和基础技能的学习和训练,帮助运动员建立正确的运动姿势和动作模式。通过逐步增加训练强度和难度,初级运动员可以逐渐提高技术水平,并为未来进行更高强度的训练打下坚实的基础。

有时候,运动员可能由于伤病、疲劳或生病等导致身体状态不佳。在这种情况下,低强度训练可以帮助运动员恢复身体状态,促进康复和健康。低强度的训练可以通过适度的活动来促进血液循环和新陈代谢,帮助身体排除疲劳感和恢复肌肉的功能。此外,低强度训练也可以帮助运动员保持适当的活动水平,以防止肌肉萎缩和体能下降。

通过低强度的训练,运动员可以专注于技术动作的细节和优化。运动员可以通过重复练习和调整来提高技术动作的准确性和流畅性。此外,低强度训练也可以帮助运动员培养良好的运动习惯和动作模式,增强肌肉的稳定性和身体的协调性。通过低强度训练的细致调适,运动员可以提高技术水平,并为未来更高强度的训练打下坚实的基础。

(三)按照训练的方式和手段分类

按照训练的方式和手段,运动训练可以分为传统训练、现代训练和混合训练。

1. 传统训练

传统训练是一种采用传统的训练方式和手段进行的训练方法,如跑步、做力量训练等。这种训练方式在过去广泛应用,并在一定程度上取得了一定的成效。然而,随着科学研究和运动训练的发展,与现代训练方式相比较,传统训练的效果较低。

传统训练的优势在于其简单易行的特点。无论是跑步、举重还是其他传统的训练方式,它们的动作和方法都相对简单,易于理解和实践。这使得许多人可以在没有专业指导的情况下进行自我训练。此外,传统训练通常不需要复杂的设备或场地,可以在家中或一般的健身房进行。因此,传统训练具有一定的便利性和适用性,可以满足一部分人的基本运动需求。

2. 现代训练

现代训练是一种采用现代科学技术和理念进行的训练方法,如高强度间歇训练、功能性训练等。相较于传统训练方式,现代训练通常能够取得更佳的训练效果,但同时也对教练的专业性和设备的要求更高。

现代训练基于对运动生理学、运动心理学和运动力学等方面的深入研究,利用科学原理和技术手段制订训练计划。现代训练注重对运动员的身体素质、技术能力和战术应用的全面培养。例如,高强度间歇训练是现代训练中常用的方法,通过在高强度运动和休息间的交替进行训练,可以提高心肺功能、肌肉力量和耐力水平。功能性训练注重身体的功能性运动模式和肌肉的协调性,通过模拟实际运动动作,提高运动员在比赛中的实际应用能力。

每个运动员的身体状况、技术水平和目标需求各不相同,因此现代训练通过对运动员进行评估和分析,制订个性化的训练计划。这包括根据运动员的年龄、性别、身体素质等因素进行调整,以及根据运动员的特点和需求进行训练内容和强度的个性化安排。现代训练常借助先进的技术手段和设备,如运动生物力学分析、运动心率监测、运动损伤预防等,为教练和运动员提供更全面的训练数据和指导。

现代训练需要教练具备深厚的专业知识和经验,能够根据运动员的需求和特点制定个性化的训练方案,并运用先进的训练方法和技术指导运动员进行训练。同时,现代训练可能需要一些高级设备和技术支持,如力量训练设备、运动生物力学分析仪器等,以实现更精确的训练和评估。这对于一些基础设施有限的场地或普通运动爱好者来说,可能存在一定的挑战。

3. 混合训练

混合训练是一种结合了传统训练和现代训练的优点,采用多种训练方式和手段的综合性训练方法。这种训练方式旨在全面提升运动员的身体素质和技术水平,以达到更好的训练效果。

传统训练的简单易行和基础性训练手段为混合训练提供了坚实的基础。例如,传统的有氧运动如跑步、游泳等,可以有效提高心肺功能和耐力水平;传统的力量训练如举重、俯卧撑等,可以增强肌肉力量和负荷承受能力。同时,现代训练的科学性和个性化特点为混合训练提供了更高水平的训练指导和方法。现代训练的功能性训练、高强度间歇训练、灵活性训练等手段能够更加有针对性地培养运动员的协调性、灵活性、爆发力等。

通过结合不同的训练方式和手段,混合训练可以全面提升运动员的身体素质和技术水平。例如,通过结合有氧运动、力量训练和灵活性训练,可以同时提高心肺功能、肌肉力量和关节灵活性,使运动员具备更好的综合能力。此外,混合训练也有助于避免训练的单一性和乏味性,提供更丰富多样的训练体验,增强运动员的参与度和动力。

针对运动员的需求和目标,制订个性化的训练计划是混合训练中重要的一环。教练应根据运动员的体质、技术水平和训练阶段,合理安排各类训练方式和手段的比例和强度。同时,教练还需要具备丰富的训练经验和专业知识,能够科学地结合不同训练方式,灵活地调整训练计划,以最大限度地提升运动员的训练效果。

四、运动训练的基本原理

运动训练的基本原理是一组在运动科学研究和实践中形成的规则和法则,这些原理用于指导运动训练的规划和实施。以下是对四个基本原理的详述。

(一)生物适应原理

生物适应原理是指生物体对外界刺激作出适应性反应的基本规律。在运动训练中,生物适应原理是指运动员通过系统、有计划的训练刺激,促使身体产生一系列生理、生化和心理变化,以适应运动负荷并提高运动表现力。

负荷适应性是指运动员在适度的负荷训练下,身体会发生适应性变化,以适应负荷的增加。这种适应性变化主要体现在肌肉力量的增加、心肺功能的提高、神经系统的协调性增强等方面。通过逐步增加训练负荷,运动员的身体会逐渐适应更高的运动强度和挑战。

刺激必须具有一定的强度和持续时间,以引发适应性变化。然而,刺激过大或过小都可能导致适应性效果不佳。因此,运动训练需要根据运动员的个体特点、目标需求和训练阶段,合理选择和管理刺激。逐步增加训练负荷,注意适度和平衡,以促进良好的生物适应。

周期化训练是一种将训练分为不同阶段和周期的训练方式。在周期化训练中,训练负荷和刺激逐渐增加,同时也会有适当的恢复和调整期,以使运动员能够获得更好的适应性变化和训练效果。

(二)特异性原理

特异性原理是指训练效果与训练的性质、强度、频率、持续时间等因素密切相关。根据特异性原理,训练的效果与训练的方式、内容、方法有直接关系。不同的训练目标需要采用相应的训练方式和方法,以达到最佳的训练效果。

特异性原理的核心在于训练的特定性。如果运动员希望提高特定的体能或技能,那么训练应该与该体能或技能的特点相吻合。举例来说,如果运动员希望提高耐力,那么他的训练方式应该是持续的、有氧的长距离跑步或游泳,这样的训练能够有效地提高心肺功能、肌肉耐力和运动员的耐力水平。同样地,如果运动员的目标是提高速度和爆发力,那么训练应该包括有间歇的、无氧的短距离冲刺或跳跃训练,这种训练方式能够强化神经肌肉系统的反应速度和爆发力,提高运动员的爆发力水平。

特异性原理还强调训练内容的相关性。训练的内容应该与运动项目的要求和技术特点相匹配。例如,对于篮球运动员来说,他们的训练内容应该包括投篮、运球、传球等与篮球比赛技术相关的训练。通过针对性的训练,运动员可以提高自己在比赛中的技术水平和表现。

特异性原理的应用需要根据具体的训练目标和运动项目,制订相应的训练计划和方法。运动员和教练应该了解运动项目的要求和特点,选择与之相匹配的训练方式和方法。此外,特异性原理还强调个体化的训练计划。不同运动员的身体素质和技术水平存在差异,因此训练计划需要根据运动员的个体特点进行调整和优化,以实现最佳的训练效果。

(三)超负荷原理

超负荷原理是指只有在超过日常水平的训练负荷下,运动员的体能和技能才能得到提高。超负荷的实施需要在运动员的承受范围内,既不能让运动员长时间处于过度疲劳状态,也不能让他们在舒适区内停滞不前。合理的超负荷训练可以刺激身体的适应性变化,从而提高运动表现。

超负荷原理的核心在于刺激适应性变化。当运动员在训练中接受超过其日常水平的负荷时,身体会做出适应性反应,以应对负荷的增加。这种适应性变化包括肌肉力量的增强、心肺功能的提高、神经系统的协调性增强等。通过逐步增加训练负荷,运动员的身体能够逐渐适应更高的运动强度和挑战。

超负荷训练需要注意两个关键因素：负荷的增加和恢复的安排。负荷的增加是指逐步增加训练的强度、频率和持续时间，以超过运动员的日常水平。这需要根据运动员的个体特点、目标需求和训练阶段，逐步增加训练的难度和挑战。然而，负荷的增加必须在运动员的承受范围内，不能让运动员长时间处于过度疲劳状态，以免引发伤病和过度训练。

恢复的安排是指在超负荷训练后，给予足够的恢复时间和方法，使身体能够适应并修复受损的组织，从而达到超级补偿的效果。适当的休息和恢复可以帮助运动员恢复体能和精神状态，预防过度训练和伤病的发生。因此，在制订训练计划时，要合理安排训练和休息的比例，避免过度疲劳和损伤。

(四)反馈控制原理

反馈控制原理是指在运动训练过程中，通过对运动员的反馈信息进行及时分析和调整，以实现训练的效率和有效性。这些反馈信息可以来自运动员的生理反应(如心率、肌肉疲劳感等)、技能表现、心理反应(如注意力、情绪等)等方面。

运动训练中的反馈信息起着至关重要的作用，它可以提供关于运动员当前状态和表现的实时数据，帮助教练和运动员了解训练的效果和问题所在。通过对这些信息进行分析和解读，可以及时调整训练计划和方法，以满足运动员的需求和优化训练效果。

生理反应是运动训练中常用的反馈信息来源。通过监测运动员的心率、肌肉疲劳感等生理指标，可以了解运动员在训练中的身体反应和负荷承受能力。例如，心率的变化可以反映运动员的心肺适应性和训练强度是否适宜，肌肉疲劳感可以指示训练员的耐力水平和康复需求。基于这些信息，教练可以相应地调整训练负荷和恢复时间，以达到更好的训练效果。

技能表现是另一个重要的反馈信息来源。通过观察和评估运动员在训练中的技术和战术表现，可以了解他们的强项和改进点。教练可以根据这些反馈信息，有针对性地进行技能训练和调整训练计划，以提高运动员的技术水平和比赛表现。

此外,心理反应也是反馈控制原理的关键组成部分。运动员的注意力、情绪和动机等心理因素会对训练表现和成果产生重要影响,通过观察和了解运动员的心理状态,教练可以根据需要提供适当的心理支持和调整。例如,如果发现运动员在训练中注意力不集中,教练可以提供相关的集中注意力的训练方法和策略。

第二节　大学体育运动训练的原则

一、个体化原则

个体化原则是运动训练中的重要原则,它强调根据运动员的个体差异,包括生理特性、心理特性、技术技能水平等进行针对性的训练。运动员的年龄、性别、身体条件、健康状况、心理状态、技术水平等因素都会影响训练效果。因此,训练计划和方法必须考虑这些因素,以确保训练的有效性和安全性。

从生理角度来看,每个人的生理条件都是不同的。一些人可能在某些体能指标上天生就比其他人强,如某些人可能具有更好的心肺功能,或者更强的肌肉力量。因此,对这些运动员的训练应注重发挥他们的优势,同时改善他们的弱点。

从心理角度来看,人们的性格、学习风格、动机等心理因素也会影响他们对训练的反应和结果。例如,一些运动员可能更善于集中精神,他们可能更适合需要高度集中注意力的训练;而一些运动员可能更善于社交,他们可能更适合需要团队合作的训练。

技术技能水平也是决定训练方法的重要因素。运动员在某项运动技能上的掌握程度,决定了他们能否有效进行某种训练,并从中受益。其他个人情况,如健康状况、训练经历等也应被考虑在内。例如,受伤的运动员需要特殊的恢复训练,而没有基础训练经历的运动员则需要从基础训练开始。

个体化原则强调训练必须因人而异,必须根据每个运动员的个体差异来设计和实施训练计划。只有这样,才能最大限度地发挥每个运动员的潜力,同时保证训练的安全性和效率。

二、渐进负荷原则

运动训练的渐进负荷原则是指在运动训练过程中,负荷必须由小到大、由简单到复杂、由低到高,逐步增加,以保证运动员的体能、技能和心理素质的持续提高。这是因为人体的各种生理、心理反应和适应能力,包括运动能力的提高,都是在一定的负荷刺激下逐渐实现的。如果负荷过小,对体能和技能的提高作用有限;如果负荷过大,可能对运动员的身体产生伤害。

负荷的逐步增加不仅包括负荷的数量,也包括负荷的质量。所谓负荷的数量,主要是指训练的时间、次数、组数、重复次数等,这些都应该在运动员可以承受的范围内逐步增加。而所谓负荷的质量,主要是指训练的难度、强度、速度等,这些也应该根据运动员的身体和心理状况逐步提高。

在实际训练中,运用渐进负荷原则需要遵循以下几点。

(一)增加负荷应以运动员的个体差异为基础

每个运动员的生理和心理状况不同,因此他们对负荷的承受能力也不同。在制订训练计划时,需要根据运动员的个体特点和需求,量身定制适合他们的负荷增加方式。

(二)增加负荷应以运动员的适应能力为限

过度的负荷可能导致运动员过度疲劳和伤害,因此负荷的增加必须在运动员的适应能力范围内进行。要注意观察运动员的反应和表现,及时调整负荷的幅度和速度,以保证他们能够逐步适应负荷的增加。

(三)在负荷增加的同时,必须注意充分的恢复

适当的休息和恢复是保证负荷增加效果的关键。在训练中,要合理

安排训练和休息的比例,给予运动员足够的时间和方法来恢复,以便身体能够适应和修复受损的组织。

(四)负荷的增加应该与训练目标和训练阶段相适应

在不同的训练阶段,训练的目标和内容不同。因此,在制订训练计划时,要考虑运动员当前的训练目标,并根据目标的要求逐步增加负荷。例如,在基础阶段,负荷的增加可以侧重于体能的提升;而在竞赛阶段,负荷的增加可以注重技能和战术的训练。

三、特定适应原则

特定适应原则是运动训练中的一项基本原则,它是基于人体对特定训练刺激有特定反应的生物学原理。这个原则指出,运动员的身体会根据特定的训练刺激进行特定的适应,进而改变其结构和功能以提高运动能力。运动训练是通过一种特定的、有计划的和有目标的方式施加在运动员身上的外部负荷,以达到提高运动成绩的目的。

训练的类型、强度、频率、持续时间等因素都会影响人体的适应程度。例如,力量训练会主要增强肌肉的力量和体积;耐力训练则会提高心肺功能和肌肉的耐力;速度训练会改善神经肌肉系统的反应速度和动作协调性;而灵巧训练则有助于提高技术动作的精细度和协调性。因此,训练的设计必须明确具体的训练目标,然后选择能针对这些目标的特定训练方法。

在运用特定适应原则时,教练和运动员应考虑以下因素。

(一)明确训练目标

各种运动项目和运动员的训练目标各不相同。因此,设计训练计划时,必须首先明确训练目标,然后根据目标选择相应的训练方法。

(二)个体差异

每个人的生理和心理状况都不同,对同样的训练负荷反应也会有所不同。因此,训练计划应先考虑运动员的个体差异,再进行个性化的设计和调整。

(三)训练周期

人体对训练刺激的适应需要一定的时间。因此,训练计划应设置适当的训练周期,让运动员有足够的时间进行恢复和适应。

(四)训练强度与恢复

运动训练是以刺激与恢复为基础的。适度的训练强度可以刺激人体产生适应性变化,但过度的训练强度则会导致过度疲劳甚至伤害。因此,训练强度应适中,而且应在每次训练后给予充足的恢复时间。

四、可逆性原则

可逆性原则,也被称为反可塑性原则,是运动训练中的一个基础原则。这个原则指出,当运动训练停止或减少时,体能、技能和战术能力等训练所得的效果会逐渐丧失或回退。简而言之,"不用则退"。

这个原则的生物学依据是,人体的生理功能、肌肉力量、灵敏性、耐力和其他技术技能的提高都是在持续的训练和刺激下形成的。一旦这些刺激消失,人体就会逐渐回归到没有训练时的状态。因此,持续的训练是保持运动成绩和提高运动表现的关键。

根据可逆性原则,在制订训练计划时需要考虑以下一些关键因素。

(一)保持训练的连续性

为了避免运动能力的丧失或回退,运动训练应当尽可能保持连续性,避免长时间的训练间断。如果因故不能进行正常的训练,应尽量通过其他形式保持身体活动,如晨练、散步、瑜伽等。

(二)训练的恢复期和周期性

虽然需要保持训练的连续性,但也不能忽视运动员的恢复需求。过度的训练会导致疲劳积累,伤害风险提高,甚至可能出现过度训练综合征。因此,训练计划应当结合运动员的身体状况,设置适当的恢复期和训练周期。

(三)适度的训练强度

根据可逆性原则,我们知道不训练会导致训练效果消失,但过度训练同样有害。[①] 所以,确定适宜的训练强度也是保持和提高运动能力的重要因素。

(四)训练的多样性

通过多样化的训练方法,可以激发运动员的学习兴趣,增强训练的趣味性,同时也可以更全面地训练运动员的各项运动能力,降低训练的单调性和枯燥性,提高训练的效果。

五、多样性原则

多样性原则是运动训练中的一个重要原则,强调训练方法、内容和手段的多元化以激发运动员的积极性,提高训练效果和避免训练的单调性。基于生理和心理的原理,多样性原则认为多元化的训练能更有效地激发运动员的潜力,帮助他们全面、均衡地发展身体各项能力。

运动训练的多样性可以从多个方面来实现,比如,训练的内容、方式、方法、环境、设备等都可以进行多元化的设计。例如,在训练内容上,可以涵盖力量、耐力、速度、灵巧、心肺功能等各项运动能力的训练;在训练方式上,可以实施个人训练、小组训练、大群训练等;在训练方法上,可以采用有氧、无氧、力量、耐力、灵巧、速度等多种训练方法;在训练环境上,可以在室内、室外、水上、山地等不同环境下进行训练;在训练设备上,可以使用各种不同的运动器材。

多样性原则在运动训练中的应用应注意以下三点。

1.训练的多样性要与运动员的训练目标和运动项目相匹配。不同的运动项目对运动员的能力要求不同,因此,训练的多样性应有针对性地帮助运动员提高在特定运动项目中所需的关键能力。

2.多样性的训练要考虑运动员的生理和心理状况。不同的运动员对

---

① 孙楚.中长跑运动员过度训练研究[J].当代体育科技,2019(8):44,46.

训练的适应能力、接受能力和兴趣点都有所不同,因此,多样性的训练应有针对性地满足运动员的个体差异。

3.在追求训练的多样性的同时,也不能忽视训练的系统性和连贯性。过分追求多样性可能使训练缺乏系统性,使运动员在训练中感到混乱,无法达到预期的训练效果。

第三节 大学体育运动训练的要素

一、体能要素

(一)力量训练

运动训练的要素是确保运动员在比赛中取得最佳表现的关键因素。其中,体能要素是运动训练中的重要组成部分,其中包括力量训练。力量训练是一种针对肌肉力量的训练方法,通过提高肌肉的收缩能力和爆发力,增强运动员的运动表现和预防运动损伤。下面将对力量训练进行学术性和研究性的分析。

1.力量训练是运动训练中的核心要素之一,对大学体育运动员的发展和竞技能力的提高具有重要意义。力量训练的目标是通过增强肌肉的收缩能力,提高运动员的爆发力和动作执行能力,从而提高他们在比赛中的表现。在力量训练过程中,运动员经常使用重力或外部阻力来逐渐适应不同的运动需求。

2.力量训练的效果主要取决于训练方法的选择和计划的合理性。在选择训练方法时,应根据不同的运动项目和个体特点来确定适当的训练负荷和训练频率。常见的力量训练方法包括自重训练、负重训练和爆发力训练等。

3.自重训练是一种利用身体自身重量进行训练的方法,如俯卧撑、深蹲和引体向上等。这种训练方法可以有效地提高肌肉力量和耐力,适用于不同水平的运动员。

4.负重训练是一种利用外部重力或设备提供的阻力进行训练的方法,如举重、杠铃训练和器械训练等。这种训练方法可以通过调整重量和重复次数来实现不同的训练效果,适用于需要更大力量输出的项目。

5.爆发力训练是一种注重快速肌肉收缩和迅速动作执行的训练方法,如跳跃训练、爆发力体操和爆发力训练器械等。这种训练方法可以提高肌肉的反应速度和爆发力,适用于需要迅速加速或改变方向的项目。

6.力量训练的效果不仅取决于训练方法的选择,还与训练计划的合理性密切相关。合理的训练计划应包括适当的训练强度、训练频率和休息恢复等要素。过度训练或不足训练都可能导致训练效果的下降或运动损伤的发生。

此外,力量训练还需要与其他训练要素相结合,如技术训练和战术训练等。技术训练可以帮助运动员更好地掌握正确的动作技术和姿势,从而在力量训练中发挥最佳作用。战术训练可以帮助运动员将力量转化为实际比赛中的优势,提高战术应对能力和整体表现。

(二)耐力训练

耐力训练,又称为有氧训练,是一种通过提高心肺功能和肌肉耐久力来提升体能的训练方式。它通过长时间的、中低强度的运动,使心脏和肺部的功能得到提高,提升血液携氧能力,改善肌肉的能量代谢,从而提高运动员的耐力。

耐力训练的方式多种多样,包括长跑、游泳、自行车、划船、健身操等有氧运动。这些运动在提供持续负荷的同时,强度相对较低,能让运动员保持较长时间的运动。具体的耐力训练方式有很多种,包括连续耐力训练、间歇耐力训练、复合式耐力训练等。连续耐力训练是指在一段时间内持续进行某种运动,不间断地进行有氧代谢;间歇耐力训练则是指在运动中插入一段休息时间,让运动员有时间进行恢复;复合式耐力训练则是将不同类型的耐力训练结合在一起进行。

在实施耐力训练时,有以下几点需要注意。

1.适度的训练强度

耐力训练的强度不应该过高,否则可能引起过度疲劳,甚至导致损伤。通常建议运动员在训练时保持在最大心率的60%~80%。

2.恰当的训练时间

训练时间的长短应根据运动员的体能状况和训练目标进行调整。一般来说,每次训练时间可以在20~60分钟。

3.良好的恢复

耐力训练虽然强度不高,但持续时间较长,对运动员的身体造成的负荷还是相当大的。因此,运动员应确保有足够的恢复时间,以防止过度疲劳。

4.合理的训练频率

一般来说,每周进行3~5次的耐力训练就足够了。过多的训练不仅无法带来更好的效果,反而会损害身体。

耐力训练是运动训练中重要的一部分,通过有效的训练,可以提高运动员的有氧能力,从而提高其在比赛中的表现。

(三)速度训练

速度训练是运动训练的一个重要组成部分,它是指通过系统的训练,提高运动员在短时间内完成一定距离的移动或者完成某项动作的速度。速度训练通常包括三个方面:动作速度训练、位移速度训练和反应速度训练。

1.动作速度训练

动作速度训练主要通过训练提高身体各部位的动作频率,比如手腕、手指、腿部等。例如,举重运动员需要训练他们的肌肉快速收缩力,乒乓球运动员需要训练他们的手臂和手腕的快速摆动等。

2.位移速度训练

位移速度训练主要通过训练提高运动员的移动速度,这包括起跑速度、最大速度和耐力速度等。例如,短跑运动员需要经常做爆发力训练,提高他们的起跑速度和短距离冲刺能力。

3.反应速度训练

反应速度训练主要通过训练提高运动员对各种刺激的反应能力。例如,网球运动员需要训练他们的视觉反应速度,能快速判断球的落点,同时配合手脚的动作,完成击球。

进行速度训练时,需要注意以下几点。

(1)科学的训练计划:速度训练强度较大,需要有科学的训练计划,以避免过度训练或者训练效果不佳。

(2)热身准备:因为速度训练需要大量的肌肉参与,因此在训练前需要做充分的热身活动,以降低运动损伤的风险。

(3)休息恢复:速度训练对肌肉的疲劳度较高,因此在训练后需要有充足的休息时间,让肌肉得到恢复。

(4)技术指导:速度训练往往需要正确的动作技术,因此在训练过程中需要有专业的教练进行指导,避免因动作不规范导致的训练效果不佳。

(四)灵敏度训练

灵敏度通常在体育运动领域中是指运动员对外部刺激的快速反应能力和身体各部分在短时间内完成复杂、快速、精准运动的能力。在运动训练中,灵敏度训练通常包括动作的反应、协调、平衡和转变等多个方面,尤其在球类、舞蹈、武术、体操等需要快速反应和精细动作的运动项目中,灵敏度训练更是必不可少。

在运动训练中,灵敏度训练的常用方法主要有以下三种。

1.预期训练法

预期训练法是一种让运动员根据指导者的预定信号或动作进行反应性动作的训练方法。这一训练策略主要是为了增强运动员在比赛中的反应迅速性和准确度,从而使他们能更有效地面对各种挑战并做出明智的选择。在预期训练法的实施过程中,指导者起到了至关重要的作用,他们可能是裁判、教练或其他参与训练的人员。指导者利用各种预先设定的信号或动作来指导运动员执行相应的动作。比如说,裁判发出的口哨声可以作为起跑或停止的标志,而对方的某些特定动作可能会激发运动员采取防守或进攻的行动。采用这种训练策略，运动员能够在模拟的比赛环境中进行反应训练，以适应比赛中的压力和快节奏。他们有必要迅速地观察和解读指导者发出的信号，并迅速做出相应的反应。这种训练方式有助于增强运动员在感知、协调和决策方面的能力。

2. 非预期训练法

非预期训练法是一种让运动员根据实际比赛或训练中出现的突发情况进行反应性动作训练的方法。非预期训练法与预期训练法有所不同，它更侧重于运动员在遭遇未知或突发状况时的应对策略和反应迅速性。在非预期的训练方法里，训练的环境是为了模拟真实比赛中可能发生的意外状况。为了实现这一目标，我们可以设计出一系列无法预知的情境，例如敌人改变了他们的攻击策略、团队成员发生意外伤害或出现失误等情况。面对这些突如其来的情况，运动员必须迅速做出反应，以适应当前的情况并执行适当的动作。这一训练策略着重于运动员的适应性、灵活性以及决策技巧。他们有必要迅速地观察和分析各种情况，并能够做出快速且精确的响应。非预期的训练方法也能助力运动员增强面对压力和紧张的反应，因为他们需要在高压环境中进行决策和采取行动。

非预期训练法适用于各种体育项目，尤其是那些涉及对手之间直接交互和即时反应的项目，如篮球、足球、格斗等。在这些项目中，突发情况的处理能力对于成功至关重要。通过非预期训练法，运动员可以提高应变能力、对未知情况的适应能力和决策能力。

3. 复杂动作训练法

运动员进行多个动作的组合，训练其在短时间内完成复杂动作的能力。例如，在体操或武术训练中，运动员需要在短时间内完成多个动作的连续。

灵敏度训练的注意事项包括以下三点。

(1) 运动员的个体差异：每个运动员的身体条件、反应能力、肌肉协调性等都有所不同，因此在进行灵敏度训练时，需要根据个体的特点和能力进行有针对性的训练。

(2)训练强度和频率的把握:灵敏度训练对肌肉神经系统的刺激较大,因此在训练强度和频率上需要有适当的把握,以防过度疲劳和训练效果不佳。

(3)科学的恢复与调整:灵敏度训练之后,需要进行充分的恢复与调整,包括休息、营养补充、按摩、热水浴等,以确保身体能在短时间内恢复到最佳状态。

(五)柔韧性训练

柔韧性训练作为运动训练的一个重要组成部分,旨在增强运动员的关节活动度和肌肉的伸展能力。其重要性主要表现在以下三个方面:首先,良好的柔韧性可以提高运动员的运动技术,使得动作更为流畅、准确。其次,柔韧性训练可以预防运动损伤,特别是拉伤和扭伤。最后,恰当的柔韧性训练有助于提高运动员的恢复能力和身体协调性。

下面,我们将讨论几种常见的柔韧性训练方法。

1. 静态拉伸法

静态拉伸法是最常见的柔韧性训练方法,包括独立拉伸和配对拉伸。在静态拉伸中,运动员会保持一种特定的姿势,然后将某一部位的肌肉拉伸到舒适的极限,并保持一段时间,通常在20~60秒。

2. 动态拉伸法

动态拉伸法主要是通过模拟运动的某些动作来进行肌肉的拉伸,通常在运动前作为热身活动的一部分进行。动态拉伸能够提高肌肉的温度、增强神经肌肉的协调性,从而提高运动表现。

3. PNF拉伸法(螺旋神经肌肉运动学拉伸法)

PNF拉伸法是一种先由伙伴帮助做主动拉伸,然后主动收缩,再进行被动拉伸的方法,被认为是最有效的拉伸方法。

对于柔韧性训练,有几个需要注意的事项。

拉伸应当逐渐增加强度:运动员应当在能够感受到肌肉拉伸但不疼痛的状态下进行拉伸。

(1)拉伸应当全面:针对身体的各个部位进行全面拉伸,包括颈部、背部、肩部、手臂、腹部、髋部、腿部和脚部。

(2)避免弹跳拉伸:这种方式可能导致肌肉受伤。

(3)结合深呼吸:通过深呼吸可以帮助身体放松,从而增强拉伸的效果。

(4)柔韧性训练虽然在运动训练中占的比例较小,但其在保持运动员身体状态、预防运动损伤及提高运动表现等方面的作用不容忽视。故而,无论是专业运动员还是健身爱好者,都应将柔韧性训练纳入其训练计划,以实现其运动目标。

二、技术要素

(一)基本动作技术

基本技术动作在运动训练中扮演着至关重要的角色,它是指在特定运动中所涉及的基本技能或者技术动作。这些基础技术为运动员提供了一个稳定的技能框架,使他们可以从中建立更复杂和具有挑战性的技巧。不仅如此,熟练的基本动作技术也有助于运动员提高运动表现、减少运动伤害,并增强其在运动中的信心和满足感。

基本动作技术可以被分为以下三类。

1.运动技巧:在特定运动中,为了达到某一目标(如投篮、跳高、跑步等)所需要掌握的技巧。运动技巧通常包括身体的多个部分协同工作,需要具备良好的身体协调能力和力量。

2.体操技巧:在体操或者舞蹈中所需要掌握的技巧,如翻滚、跳跃、平衡等。这些技巧通常需要良好的身体控制能力和灵活性。

3.运动策略:在团队运动或者策略运动中所需要掌握的技巧,如足球的传球、篮球的运球、棒球的击球等。这些技巧通常需要良好的决策能力和团队协作。

在提高基本动作技术方面,有以下几点需要注意。

1.最重要的是基础训练。基本动作技术的熟练度和效率,需要通过反复练习来获得。

2.反馈是提高技术水平的关键。教练或同伴可以提供即时的、具有建设性的反馈,帮助运动员理解其技术的优点和不足。

3.视觉化是一种非常有效的学习技术。通过观看他人(如教练或高水平运动员)演示正确的技术,运动员可以模仿并改善自己的技术。

4.确保充足的恢复时间。技术训练往往会对神经肌肉系统造成很大的负荷,因此,确保充足的恢复时间是有必要的。

总的来说,基本动作技术对运动员的发展至关重要,它是运动员提高运动表现、达到更高竞技水平的基础。同时,基本动作技术的训练也能帮助运动员更好地理解自己的身体,从而提高其运动中的自信心和满足感。

(二)运动技能要素

运动技能要素是运动员所需具备的关键技能,这些技能可帮助运动员在运动中更好地表现自己,提高竞争优势。运动技能涵盖了广泛的能力,如基本动作技巧、战术理解、技能执行等。

运动技能并非孤立存在,它们通常相互关联,共同构建运动员的整体运动表现。例如,一位足球运动员需具备跑动、控球、传球、射门等多种技能,这些技能相互作用,共同决定了运动员的比赛表现。运动技能的提升是一个系统化的过程,需要逐步累积和练习,以下列举几种关键的运动技能要素。

1.技术执行:每项运动中最基本的技能。无论是投篮、踢足球,还是游泳,每一项运动都有一套属于自己的特定技术,运动员需要通过训练来提高技术的执行精度和稳定性。

2.体能表现:体能是支撑运动技能的重要基础。身体的力量、耐力、速度、敏捷性、灵活性等体能因素都会影响技术的执行和技能的表现。

3.战术理解与运用:对运动规则和战术的理解,以及战术在实战中的运用,是运动技能中重要的一环。运动员需要通过理论学习和实战演练来提升战术认知和运用能力。

4.心理调适能力:运动竞赛往往会给运动员带来很大的心理压力,如何在压力下保持最佳的技能表现,需要良好的心理调适能力。运动员可以通过心理训练来提升应对压力的能力。

5.创新与应变能力：在竞赛中，面对复杂多变的比赛环境，运动员需要有创新思考和应变的能力，以便在关键时刻做出正确的决策。

每一项运动技能的提升都需要扎实的基础训练、正确的方法指导，以及持之以恒的训练实践。同时，运动技能的提升也需要运动员对自身的深入了解，包括自身的优点和不足，从而制订出最适合自己的训练计划和方法。

(三)战术应用技巧

在体育训练过程中，战术的应用和技巧成为一个非常关键的元素，不论是在团队合作还是个人之间的活动。熟练掌握合适的战术策略有助于运动员在赛场上取得明显的竞争上风。首先，运动员必须深刻认识到战术的核心地位。他们需要理解战术如何对比赛成果产生影响，以及如何巧妙地利用这些战术来展现自己的长处并战胜对方的强项。这样的意识有助于运动员更深入地掌握并实施战术方案。接下来，运动员需要掌握并学习基础的战术方法。对于某些特定的运动形式，每项运动都配备了一些核心的战术方法。举个例子，在篮球这项运动里，运动员必须掌握如何迅速突破、高效的挡拆技巧以及恰当的防守策略等。通过掌握这些基础战术，运动员不仅能建立稳固的基础，还能逐渐提升自己在战术方面的高级技巧。

虽然每个运动项目都有其特定的战术，但运动员仍需根据实际状况进行策略创新。这涉及调整进攻策略、优化防守手段或使用罕见的战术来打破对方的进攻节奏。借助创新的战术策略，运动员有能力出乎所有人预料地战胜竞争对手，从而获得明显的竞争上风。运动员应当拥有出色的适应能力，能够辨识对方的薄弱环节，充分发挥自己的长处，并依据比赛的实际情况来调整自己的策略。这意味着运动员在比赛过程中需要保持高度的警觉性，敏感地观察和分析比赛情况，以便做出适当的战术调整。作为运动员，他们还需要深入理解并妥善运用比赛规则。规则构成了每一项体育活动的根本，因此运动员有责任了解并严格遵循这些规则。

更为关键的是,他们需要明白规则是如何赋予他们在战术方面的优越性的。运动员有能力通过遵循规则来创造更多的机会,限制对方的动作,并在符合规则的基础上展现出最优秀的竞技表现。

(四)视觉和空间感知

在运动训练中,视觉和空间感知是至关重要的技术要素。视觉和空间感知的好坏往往直接影响运动员技能的表现和竞技水平,因此,对这两个要素进行深入研究并将其融入训练是提升运动员竞技水平的关键因素。

对于运动员来说,视觉技能是获取信息的关键手段。运动员在比赛中需要依赖视觉技能来获取与比赛相关的各种信息,例如对方的位置、动作和球的移动路径等,并根据这些信息做出相应的反应。因此,一个运动员的视觉能力是否出色,将对其反应的迅速性和准确度产生直接的影响。在团队体育活动中,视觉技能还应涵盖对比赛总体情况的评估和洞察,这对于运动员做出明智的选择和与团队成员的紧密合作至关重要。

空间感知涉及人们对其所处环境中物体间的相对位置的感知。在体育比赛中,出色的空间感知技巧可以协助运动员精确地确定自己与对方、球门或边界的位置关系,进而做出精准的比赛动作。举个例子,在足球赛事中,射手必须精确地判断自己与球门之间的距离和角度,这样才能准确地射入球门并得分;在篮球赛事中,投手必须准确评估自己与篮筐之间的距离和角度,这样才能确保球被准确地投进篮筐。

考虑到视觉与空间感知在运动过程中的核心地位,训练时应视这两个因素为关键的组成元素。为了训练视觉技能,我们可以模拟真实的比赛场景。例如,可以设计一些训练,要求运动员迅速做出判断和反应,例如迅速判断应该将球传给哪个队友,或者如何在对方的防守下找到射门的最佳位置。在空间感知能力的培训中,可以通过增强运动员对于物体位置关系的感知能力来实施。例如,为了增强运动员的空间感知技巧,他们可以进行一些需要精细操控的训练,例如控制球移动到特定的位置或从一个特定的角度进行射门。

在培训视觉和空间感知的过程中,我们也必须对这两种技能进行深入的科学评价。例如,可以通过观察运动员在比赛中的表现来评估他们的视觉和空间感知能力,例如,运动员是否能够准确地判断和反映比赛的情况、是否能够精确地控制自己的动作等。此外,为了评估运动员的这两项技能,我们还可以采用一些特定的测试方法,例如视觉反应时间的测试和空间判断能力的测试等。

(五)协调性和平衡感

协调性和平衡感在运动训练中扮演着重要角色。它们不仅与运动员的技术水平紧密相关,还对防止运动伤害、提升运动表现,以及提高运动效率具有显著影响。

协调性是指身体各部位在执行动作时的配合性与同步性,这不仅涉及肌肉群体间的协调,还包括神经系统对肌肉活动的指导和控制。协调性强的运动员在执行复杂或需要精细控制的动作时,往往能表现得更为流畅和准确。例如,篮球运动员在接球、带球、投篮等动作中都需要高度的协调性;体操运动员在各种翻腾、旋转等高难度动作中更是离不开协调性。

平衡感则是人体维持身体稳定、防止倾倒的一种感觉,它是通过大脑、内耳、眼睛以及身体的感觉器官共同工作来实现的。良好的平衡感能够帮助运动员在不同的运动环境中,如不平稳的地面、空中或水中,保持身体稳定,并有效执行动作。例如,滑雪运动员在高速滑行中需要保持身体稳定;跳水运动员在空中旋转时需要准确地控制身体姿态。

为了提高运动员的协调性和平衡感,一种有效的方法是通过专门的训练活动来提高运动员的身体感知、动作控制和身体调节能力。例如,设立一些需要精细动作控制的练习,或使用不稳定的设备(如平衡球、平衡垫等)来训练运动员的平衡感。

在这个过程中,科学的评估是必不可少的。为此,研究者们开发了许多评估工具和方法。例如,通过各种协调性测试(如接力赛、目标投掷等)来评估运动员的协调性;通过平衡测试(如单脚站立、眼闭平衡测试等)来评估运动员的平衡感。

协调性和平衡感的训练不仅可以提高运动员的技术水平，还可以降低运动伤害的风险，并有助于运动员更好地适应复杂的运动环境。因此，运动训练应该充分重视协调性和平衡感的训练，以提高运动员的运动能力和竞技水平。

三、战术要素

(一)战术意识与分析

在运动比赛中，战术意识与分析是决定比赛结果的重要因素之一。战术意识是指运动员对比赛策略的理解和运用，而战术分析则是指对比赛过程中战术应用的评估和反思。通过增强运动员的战术意识和分析能力，可以帮助运动员更好地应对比赛，提高比赛表现。

战术意识不是与生俱来的，它需要通过实际的训练和比赛经历来培养。运动员在比赛中需要深入了解和熟练掌握多种战术知识，这包括基础的战术准则、常见的战术方法，以及如何根据比赛的实际情况进行战术的选择和调整。这些建议的知识可以从教练的指导、参与比赛或观赏其他运动员的竞技活动中获得。

基于对战术知识的深入理解和掌握，运动员还需通过实际操作来增强他们的战术应用技巧。真实的比赛环境是增强战术运用技巧的最佳方式，因为只有在这样的比赛中，运动员才能真实地应对各种错综复杂的比赛场景，并掌握战术的应用与调整。模拟比赛不仅仅是比赛，它也是一种高效的训练方法，允许运动员在相似的比赛环境中进行战术应用的练习。

战术分析要求运动员具备深入的反思和总结能力。在每一场比赛结束后，运动员都需要对自己的比赛策略进行深入的反思，仔细评估自己的战术运用是否达到了预期效果，例如哪些策略被应用得很好，以及哪些需要进一步的完善。这不仅要求运动员具备客观的自我评估能力，还要求他们掌握如何从比赛中抽取有价值的信息，例如对方的战术策略和比赛过程中的关键时刻等。

为了提升战术认知和分析技巧,教练也可以实施多种策略,例如与运动员共同观看和分析比赛视频,给出他们的反馈和建议,或者制定一些特定的训练任务,要求运动员应用特定的战术。除此之外,现代科学技术也为战术训练和分析提供了多种辅助工具,包括但不限于数据分析软件和虚拟现实技术。

(二)策略和战术训练

策略和战术训练是运动训练的核心部分,其目标是使运动员能够理解和掌握各种战术策略,并能在比赛中灵活运用。

策略训练主要是对运动员进行战略思维的训练,使其能够理解比赛的整体流程,并能预判和应对各种可能的比赛情况。策略训练需要考虑的因素包括比赛规则、对手的特点和习惯、自己的优势和劣势、场地和环境条件等。通过策略训练,运动员可以学会如何在比赛中做出最有利的决策,以提高比赛的成功率。

战术训练则更注重具体的技能和动作。每个运动项目都有一套具体的战术体系,这些战术体系包括了各种具体的动作和技能。例如,足球中的传球和射门、篮球中的进攻和防守等。战术训练的目标是使运动员能够熟练地执行这些战术动作,并能根据比赛情况灵活变换战术。

在进行策略和战术训练时,教练需要根据运动员的特点和能力,以及比赛的需求,来制订适合的训练计划。训练计划需要包括各种不同的训练方法,如技术训练、力量训练、速度训练、心理训练等,以全面提高运动员的比赛能力。同时,训练计划还需要有足够的灵活性,以适应运动员的进步和比赛情况的变化。

评估是训练的重要部分。教练需要定期评估运动员的训练效果,以便调整训练计划。评估的方法包括对运动员技能的直接观察、数据分析,以及运动员的自我反馈等。

(三)集体配合与协作

集体配合与协作在团队运动中尤为重要。一个团队的运动员可能个体能力出众,但若缺乏有效的集体配合与协作,团队的整体表现仍可能受到限制。相反,一个团队的运动员即使个体能力平平,只要他们能够紧密配合、良好协作,那么这支团队仍然可能取得优秀的比赛成绩。

集体配合体现在团队运动员之间能够有效地传递信息,迅速做出反应,并且共同完成目标。这需要运动员具有高度的团队意识,能够理解和接受自己在团队中的角色,能够信任并依赖队友。

协作则要求运动员能够理解和执行团队的战术计划,能够根据比赛情况调整自己的行为,以适应团队的需求。这需要运动员具有足够的战术知识和技术水平,能够准确地执行教练的指令。

在进行集体配合与协作的训练时,教练应该设计一些需要团队成员共同完成的训练任务,如团队防守、团队进攻等。这些任务可以帮助运动员理解自己在团队中的角色,增强他们的团队意识和协作能力。

另外,团队建设活动也是提高集体配合与协作的有效方法。通过团队建设活动,运动员可以增强对队友的理解和信任,提高团队的凝聚力。这对提高集体配合与协作的效果非常有帮助。

对于集体配合与协作的评估,可以通过观察比赛和训练的表现来进行。例如,教练可以观察运动员在比赛中是否能够有效地执行团队战术、是否能够与队友有效地配合。此外,也可以通过问卷调查等方式,了解运动员对团队的认同感,以及他们对队友的信任程度。

集体配合与协作的训练是一个长期的过程,需要教练和运动员共同努力。只有在运动员充分理解并接受团队精神的基础上,才能真正实现有效的集体配合与协作。

(四)比赛规则与策略应用

在任何运动中,了解并掌握比赛规则都是基础且重要的。比赛规则不仅定义了运动比赛的结构和运行方式,也为运动员制定比赛策略提供了参考框架。违反比赛规则可能导致运动员受到惩罚,甚至失去比赛资格。因此,运动员必须对比赛规则有全面且准确的理解。

理解比赛规则,一方面,要求运动员知道什么可以做、什么不可以做。例如,足球中禁止手球(除非你是守门员),篮球中禁止双重运球。理解这些规则可以帮助运动员避免违规和惩罚。另一方面,理解比赛规则也可以帮助运动员更好地制定和执行比赛策略。例如,了解足球中的越位规则可以帮助进攻方规避防守方的越位陷阱,而了解篮球的犯规限制则可以帮助运动员更有效地利用犯规来阻止对手的进攻。

在理解比赛规则的基础上,运动员可以根据规则来制定比赛策略。策略应用涉及如何将规则转化为实际比赛中的优势。例如,在篮球比赛中,运动员可能利用对方犯规次数过多的情况,通过更积极地进攻来尝试赢得罚球机会;在足球比赛中,运动员可能利用越位规则来制造进攻机会或是布置防守策略。

此外,策略应用也需要运动员具备一定的判断能力和反应速度,以便能够在比赛中根据实际情况灵活调整策略。这需要运动员具有足够的比赛经验和高度的比赛专注。

(五)实战模拟和应变能力

实战模拟和应变能力在运动训练中占据着重要地位。实战模拟训练通过创造类似比赛的环境,让运动员在非比赛情况下也能体验到比赛的压力和挑战,从而提升应对比赛的能力。而应变能力指的是运动员在面对比赛中出现的不同情况时,能够迅速调整自己的策略和行动的能力。

实战模拟训练的目的是尽可能地模拟比赛的环境和情境。比如,在足球训练中,可以通过设定一些特定的比赛情况,如固定的比分、时间限制、特定的阵型等,来让运动员体验和适应这些情况。这种训练方式可以让运动员在比赛之外就能预见和经历各种可能在实战中出现的情况,从而提升他们在实际比赛中的表现。

应变能力是运动员在比赛中必备的能力。比赛是一个动态的过程,情况时刻在变化。有时可能出现一些无法预见的情况,如对手的策略改变、队友或自己的失误、裁判的判决等。面对这些情况,运动员需要有足够的应变能力,即能够迅速地分析情况,做出合理的判断,并调整自己的行动。这需要运动员有足够的比赛经验、丰富的战术知识、快速的思维反应以及良好的心理素质。

为了增强运动员在面对突发情况时的应变能力,训练过程中可以设定特定的任务和场景,这样运动员在完成任务的同时,也能更好地应对这些挑战。例如,在篮球的训练过程中,我们可以考虑这样一个场景:当进攻发生时,突然有一名防守球员介入,此时的运动员必须迅速评估并做出相应的反应。这样的训练方法不仅有助于增强运动员的应对突发情况的能力,同时也能提高他们的决策技巧和反应迅速性。

在培训的全过程中,教练提供的意见和建议也是至关重要的。为了帮助运动员更好地理解自己的长处和短板,教练需要深入分析他们的行为和决策,并给出针对性的改进建议。这种方式不仅能帮助运动员提高他们的技术和战术能力,还能增强他们的自我评估和反思技巧,从而更有效地增强他们的应对变化的能力。

四、心理要素

(一)心理素质培养

心理素质在运动训练中起着至关重要的作用。心理素质不仅会影响运动员的训练效果,而且在比赛中起到决定性的作用。因此,心理素质培养是运动训练的重要组成部分。

心理素质包括许多方面,比如自我信心、情绪控制、集中注意力、抗压能力等。对于运动员来说,自我信心代表了他们对自身能力的深厚信赖和肯定,这也是他们在赛场上展现出卓越表现的关键。情绪控制意味着运动员可以有效地管理和控制自己的情绪,不受情绪的影响,并能保持积极的比赛心态。所谓的集中注意力,是指运动员可以全心全意地投入比赛中,不受外界因素的影响,只专注于目前的比赛任务。抗压能力描述的是运动员在面对比赛中的各种压力和挑战时,能够保持不败的状态,并在比赛中表现出色。

为了提高运动员的心理承受能力,教练和心理顾问需要携手合作,为运动员提供合适的心理辅导。心理培训可以采用一对一的咨询方式,或者通过小组讨论的形式来进行。在这一系列的训练活动中,运动员有机会掌握各种心理技巧,包括自我暗示、放松训练和呼吸控制等,这些都是为了帮助他们在比赛过程中更有效地管理自己的心理状况。教练还需营造一个正面的训练氛围,以激励运动员对自身充满自信,并协助他们应对训练过程中可能遇到的各种压力和失败。在比赛过程中,教练有能力通过给予反馈和协助,协助运动员维持一个健康的比赛心态。教练和心理顾问可以通过观察运动员的行为和与他们的对话,来深入了解他们的心理状况。此外,为了更精确地评估运动员的心理状况,我们还可以采用如问卷调查、各种测试等心理评估工具。

(二)自信心和动机激励

自信心和动机激励在运动员的发展和成就中起着决定性的作用。自信心是运动员对自己能力的坚定信念,而动机激励则是推动运动员持续努力和进步的驱动力。

自信心在比赛中的作用不可小视。运动员对自身能力的信任和确认,可以使他们在比赛中更好地表现。自信心可以帮助运动员在面对困难和压力时,保持坚韧不拔的精神,有信心克服各种挑战。

运动员的自信心可以通过多种方式培养。一种方式是通过不断的训练和比赛,积累成功的经验。成功的经验可以增强运动员的自我效能感,使他们更有信心面对比赛。另一种方式是通过心理训练,如自我暗示和正面思考等,来提高运动员的自信心。

动机激励是推动运动员持续努力和进步的关键因素。动机可以来自内部,如对成功的渴望,对提高自我能力的追求;也可以来自外部,如对奖励的期待,对他人认可的需求。无论是内部动机还是外部动机,都可以成为运动员的强大动力。

为了更好地激发运动员的积极性,教练和心理咨询专家有多种策略可供选择。一种策略是为运动员设定清晰且充满挑战的目标,使他们有所追求。设定明确的目标不仅有助于运动员明确他们的努力方向,还能为他们设定成功的准则,进一步激发他们的积极性。另一种途径是给予合适的回馈和奖赏,以表彰运动员所付出的努力和所取得的进步。这样做不仅能提升运动员的成就感和满足感,还能激励他们持续付出努力。

培养自信和激励动机是一个持久且不断进行的过程。为了设计和执行高效的运动员培养方案,教练和心理咨询专家需要不断地付出努力,并依据运动员的具体需求和个性特点来进行规划。总体而言,通过培育有效的自信和激励机制,能够显著提升运动员在训练和比赛中的表现。

(三)集中注意力和专注力

集中注意力和专注力对运动员的表现有着重要影响,它们决定了运动员能否将所有的精力投入训练或比赛,从而在关键时刻做出最佳的决策和表现。

集中注意力主要是指运动员在训练或比赛中,对特定目标或任务的关注程度。它决定了运动员能否将注意力从无关的刺激(例如,观众的喧闹声、自身的紧张情绪等)上转移开,专注于他们需要执行的任务(例如,观察对手的动作、聆听教练的指示等)。

专注力则涉及运动员能否在较长的时间内,保持对任务的持续关注。在许多运动中,如马拉松、游泳、自行车比赛等,运动员需要在长时间内保持高度的专注,才能保证最佳的表现。

对于集中注意力和专注力的培养,有许多有效的策略和技术。其中之一是心理训练技术,如呼吸控制等。这些技术可以帮助运动员学习如何管理他们的注意力,将其集中在当前的任务上,而不是分散到无关的刺激或思考上。

另外,教练员也可以设计特殊的训练任务,以提高运动员的注意力和专注力。比如,可以设置需要高度集中注意力的练习,或者设置长时间的训练任务,来提高运动员的专注力。

值得注意的是,运动员的心理状态,如疲劳、压力、焦虑等,也会影响他们的注意力和专注力。因此,在培养注意力和专注力的同时,也需要对运动员的心理状态进行管理和调整。

(四)压力管理和情绪控制

运动员在训练和比赛中经常需要面对各种压力,这些压力可能来自比赛的挑战、教练的期待、公众的关注,等等。同样,运动员的情绪状态,如焦虑、激动、失落等,也会对他们的表现产生影响。因此,压力管理和情绪控制在运动训练中非常重要。

压力管理主要指运动员如何处理和应对压力。首先,运动员需要能够准确地识别压力源,理解压力对自己的影响。其次,他们需要学习如何通过各种方式来减轻压力,如放松训练、心理咨询、良好的休息和营养等。此外,运动员也需要学习如何将压力转化为动力,利用压力来提升自己的表现。例如,一些运动员可能通过想象自己在关键时刻取得成功,来激励自己面对压力。

情绪管理涉及运动员如何有效地管理和调节自己的情感状态。运动员有必要深入了解自己的情感状况,并认识到情绪是如何影响他们的表现的。他们有必要掌握如何调节自己的情感,确保其达到最理想的状态。比如说,当运动员在比赛开始前感到紧张时,他们可能需要进行一些放松的训练,比如深呼吸等,以减轻紧张的情绪。当运动员在比赛中感受到失落或沮丧时,他们应该学习如何从失败中振作,并始终保持一个积极的心态。

教练和心理咨询专家在培养压力管理和情感控制方面扮演着至关重要的角色,他们有责任为运动员提供全面的教育和培训,以帮助他们更好地理解压力和情绪,并掌握有效的应对策略。与此同时,他们还需给予运动员必要的支持和激励,以助其应对各种压力和挑战。

(五)团队合作和领导能力

团队合作和领导能力对运动员,特别是参与团队运动的运动员来说至关重要。团队合作能力是指运动员与队友之间有效沟通、协同工作以实现共同目标的能力。领导能力则是指运动员引领和激励团队成员,以达到团队最佳表现的能力。

团队合作是团队运动成功的关键。每个运动员都必须理解并接受他们在团队中的角色,学会信任并依赖队友,这样团队才能顺利运作。优秀的团队合作能力包括良好的沟通技巧、理解和接受不同角色的能力、解决团队冲突的能力等。

领导能力对团队的凝聚力和表现同样具有重要影响。良好的领导者不仅可以通过激励和引导来提升团队的表现,也能通过他们的行为和态度来塑造团队的文化和价值观。领导能力包括决策能力、激励能力、解决问题的能力,以及良好的道德品质。

要培养团队合作和领导能力,可以通过实践和反思的方式。在团队训练和比赛中,运动员有机会实践他们的团队合作和领导技能,然后通过教练员和队友的反馈进行反思和改进。此外,模拟训练、角色扮演和小组讨论等活动也可以帮助运动员提高这些技能。

团队合作和领导能力的培养是一个持续的过程,需要运动员、教练员和其他支持人员的共同努力。通过这种培养,运动员不仅能提升他们的运动表现,也能发展对他们日常生活和职业生涯有利的技能。

五、营养与恢复要素

(一)适当的营养摄入

适当的营养摄入对运动员来说是必不可少的。它可以影响运动员的体能、恢复和整体健康。适当的营养摄入涵盖了蛋白质、碳水化合物、脂肪以及维生素和矿物质等各种营养素的均衡摄入。

运动员的营养需求与一般人群有所不同。他们需要更多的热量来支撑高强度的训练和比赛,因此他们的食物摄入量也会比一般人群更大。同时,运动员需要高质量的蛋白质来修复和重建受损的肌肉组织,需要充足的碳水化合物来提供能量,以及必要的脂肪来保持体内激素水平的正常。

适当的营养摄入也要求运动员注意食物的选择和摄入的时机。运动员需要选择营养丰富、易于消化的食物,避免那些可能引起消化不适或影响表现的食物。在训练或比赛前后,运动员需要确保摄入足够的食物和水分,以保持能量水平和避免脱水。① 除了食物摄入,运动员还需要考虑补剂的使用。在某些情况下,例如,当运动员无法通过饮食获得足够的营养,或在高强度训练和比赛后,补剂可以作为一个方便的营养来源。然而,运动员使用补剂时需要谨慎,因为一些补剂可能含有禁止的物质,或者在过量使用时可能对健康产生负面影响。

(二)水分和补水策略

水分和补水策略对于运动员的身体健康和运动表现至关重要。充足的水分可以维持身体温度、确保营养物质的运输,以及保护肌肉和关节的功能,因此,水分的摄入是运动员必须重视的事情。

在进行高强度或长时间的体育活动时,运动员可能会因为汗液流失过多的水分,这有可能引发脱水现象,进而对他们的运动表现和整体健康状况产生不良影响。脱水有可能引发一系列症状,包括疲劳、心跳加速、体温升高和注意力减退,极端情况下甚至可能威胁到生命安全。

为了避免脱水现象,运动员必须采用恰当的补水方法。首先,运动员在开始运动之前,必须确保有足够的水分摄入,以保证在运动开始时保持良好的水分状态。再者,在进行体育活动时,运动员需要定期补水,以弥补因出汗导致的水分损失。根据运动强度、周围环境的温度以及个体的出汗率等多个因素,补水的频次和量应当进行适当的调节。运动结束后,为了更快地恢复,运动员也应该适时地补充水分。

对于运动员来说,运动饮料是一个很好的补水选项。运动饮料不仅富含水分,还额外添加了电解质(例如钠和钾)以及碳水化合物,这有助于运动员更好地恢复体内的电解质平衡,提供必要的能量,并促进肌肉的快速恢复。

(三)休息和恢复的重要性

在运动训练中,休息和恢复同样重要,甚至比训练本身更重要。运动员在高强度训练后,身体需要时间来修复受损的肌肉组织、清除体内的废

---

① 梁兰兰,卞华伟.运动营养与实践[M].成都:四川大学出版社,2018.

物、恢复能量储备,以及适应新的体能需求。这些都需要充足的休息和有效的恢复策略。

休息不只是身体上的放松,同样也涵盖了精神上的放松。从身体健康的角度看,充分的睡眠被认为是最基础且最关键的恢复途径。高质量的睡眠有助于肌肉的恢复、激素的平衡、免疫系统功能的增强,以及认知能力的提升。除此之外,有规律的休息时间和恢复周期也是至关重要的,这有助于避免过度锻炼、减少受伤的可能性,并协助身体适应更高级别的训练压力。从心理角度看,适当的休息有助于缓解压力、增强情感,并有助于精力的恢复,这对于运动员在心理健康和比赛中的表现至关重要。

恢复策略涵盖了多种技术和方法,包括热水浴、冷水浴、按摩、深度放松、瑜伽等,这些方法可以帮助减轻肌肉疼痛、加速乳酸的清除和血液的循环,以及提升精神状态。运动员在选择恢复策略时,应依据自己的实际需求和反应来做出最合适的决策。

(四)伤病预防和康复训练

对运动员来说,伤病预防和康复训练是至关重要的。一方面,伤病可能严重影响运动员的训练和比赛,甚至可能导致职业生涯的提前结束。另一方面,适当的康复训练可以帮助受伤的运动员更快地恢复健康,降低伤病对其运动表现的影响。

伤病预防主要包括两个方面:降低伤病风险和提前发现潜在的伤病。降低伤病风险主要通过以下方式:制订和执行科学的训练计划,确保运动员的训练强度、频率和方式适合其身体状况;教授和执行正确的运动技术,以减少由技术错误导致的伤病;营造安全的训练环境,减少伤害的可能性;提供适当的营养和休息,保证身体的健康和恢复。提前发现潜在的伤病主要通过定期的体检和健康评估,及早发现并处理潜在的健康问题。

对于受伤的运动员来说,康复训练是他们恢复至最佳状态的关键手段。为了确保康复训练的安全性和有效性,应由具有专业资质的医疗团队进行规划和监管。康复训练通常涵盖了物理治疗、康复运动、疼痛管理、营养以及心理支持等多个方面。在运动员的康复阶段,我们应该不断地评估他们的康复进度,并根据实际情况调整他们的康复方案。

为了有效地预防和恢复伤病,运动员、教练以及医疗团队都需要携手合作,采用科学的手段和策略进行训练。唯有这种方式,运动员才有可能保持身体的最佳状态,并展现出他们最出色的运动才华。

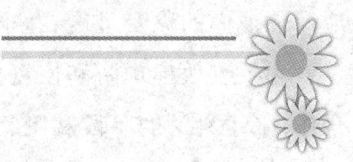

第四章 体育运动项目的训练方法实践

第一节 球类运动项目的训练方法实践

在体育运动项目中,比较显著的一类就是球类运动,主要指的是一些运动项目的总称,包含足球运动项目、篮球运动项目、排球运动项目、乒乓球运动项目、羽毛球运动项目与网球运动项目等。作为综合性较强的一项体育运动项目,球类运动对参加者存在一定的要求,需要他们在具备良好基本运动能力的同时,如跑、跳、投等,还要对球类运动各项目的专门技术与战术熟练地掌握并应用。

一、足球运动训练

(一)传球

1. 脚内侧踢球技术

足球运动项目的练习者在传球开始之前,应该进行直线型助跑,在最后一步的时候,跨步要大。当支撑脚跨步向前进行支撑的时候,练习者的脚掌应该同地面之间保持一定的距离,同时保证落地支撑的积极、快速。当练习者的支撑脚落地的时候,先落地的应该是脚后跟,通过滚动式向前到全脚掌支撑过渡。此外,练习者需要注意的是,应该适当弯曲支撑腿的膝关节,使身体重心的稳定得到保持。

2. 脚背内侧踢球技术

斜线助跑,助跑方向与出球方向约成45°。助跑最后一步要大一些,一般应保持在本人跨一大步的距离较好。支撑脚落地时以脚跟及脚掌的外侧沿先着地,然后过渡到全脚掌。支撑脚脚尖指向出球方向,膝关节微屈支撑身体重心,上体略向支撑脚一侧倾斜并稍侧转体(支撑脚一侧的肩部稍向前,踢球脚一侧肩稍向后)。支撑脚与球的位置以支撑脚脚尖与球的前沿保持平齐较好,左右距离以支撑脚的内侧沿与球的外侧沿保持15～20厘米较好(不同骨盆宽度的人可以适当调整支撑脚与球的左右距离,但一般不要超过25厘米)。在支撑脚着地的同时踢球腿以髋关节为轴,大腿带动小腿由后向前摆动(大小腿折叠要紧),当踢球腿膝关节摆至球的内侧垂直上方时,小腿做爆发式前摆(大小腿突然打开),脚尖稍向外侧转,脚尖指向斜下方,脚背绷紧固定,以脚背内侧部位踢球的正中后部(踢高球时,可踢球的中下部)。踢球后身体重心随踢球腿的前摆向前移动。

3. 脚背正面踢球技术

直线助跑,最后一步要大一些,成跨步,支撑脚要积极跨步落地,以脚后跟先着地形成滚动式着地支撑。支撑脚的位置是左右距离为支撑脚的内侧沿与球的外侧沿距离在10～15厘米,一般不应超过20厘米。前后距离以支撑脚的脚尖与球的前沿保持平齐为好,过前过后都会影响踢球的效果。在支撑脚落地支撑的同时,踢球腿大腿带动小腿(大小腿折叠要紧)由后向前摆,当膝关节摆到球的垂直上方前的瞬间,大腿制动减速而小腿爆发式突然加速前摆,以脚背正面部位触摸踢球的正中后部位。

4. 脚背外侧踢球技术

踢平直球时,助跑、支撑位置与姿势、踢球腿的摆动基本与脚背正面踢球动作相同。只是用脚背外侧触踢球。在踢球腿的膝关节摆到球的垂直上方前的瞬间,小腿做爆发式前摆,小腿前摆时,脚尖向内转并向下指(踝关节内收并旋内),脚背绷紧,脚趾扣紧,以脚背外侧部位触击球的正中后部。踢球后身体随球向前自然移动,保持身体平衡。

(二)接球

此处对足球运动接球技术的分析,主要以脚背正面接空中球技术为例进行说明。

一种方法是支撑腿屈膝稳定支撑身体重心,支撑位置一般在球的侧后方适当位置。接球腿屈膝抬脚,踝关节保持适当紧张,以脚背正面正对来球,在球下落触到脚背的瞬间前接球,脚向下回撤将球在下撤过程中接在自己控制范围之内和下一个动作需要的位置上,并快速完成下一个连接动作。

另一种方法是接球脚基本不向上抬起,而是脚背向上勾起,踝关节保持中度紧张,在接近地面高度 5~10 厘米处触球,通过球下落的冲击力将勾起的接球脚背砸下去从而缓冲了球的力量,将球接控在自己下一个动作需要的控制范围之内,并快速完成下一个连接动作。

(三)运球

1. 脚内侧运球技术

在足球运动的运球技术中,最慢的一种就是脚内侧运球。所谓的脚内侧运球,主要是指在需要练习者用身体对球进行掩护的一些死角区域或者边线附近使用的足球运动项目运球方法。为了使对方队员不能抢走球,练习者应该通过侧身转体的姿势将对方的防守队员挤靠住。一般来讲,"之"字形的路线是通过脚内侧来完成的。

在足球运动项目脚内侧运动的过程中,稍微向前跨出支撑脚,在球的前侧方踏住,弯曲膝关节,前倾上体,做出侧身运球的状态,即向运球脚的一侧转体,提起运球脚,在对球的后中部进行推拨的时候使用脚内侧部位。

2. 脚背内侧运球技术

足球运动项目练习者在跑动的过程中,需要自然地放松身体,做出小一些的步幅,前倾上体,同时微微朝着运球的方向转动。练习者提起脚运球的时候,要稍微弯曲膝关节,提起脚跟,稍微向外转脚尖,在向前迈步的时候通过脚背内侧向前推拨球,在改变方向的时候,常常会使用脚背内侧运球技术,同时,通常来讲,运动的过程中经常会走出"之"字形路线。

3. 脚背正面运球技术

足球运动项目练习者在跑动的过程中,需要自然放松自己的身体,做出小一些的步幅,前倾上体。当练习者提起运球脚的时候,要弯曲膝关节,提起脚后跟,稍微向下指脚尖,同时,在迈步向前的时候通过脚背正面部位对球的后中部向前推拨。

足球运动项目的脚背正面运球技术的适用情况是:在快速跑动的过程中,由于前方存在较大纵深距离而必须进行突破或者快速运球的时候。[1]

二、篮球运动训练

(一)移动

1. 起动

篮球运动项目开展过程中的起动,主要是指在球场中练习者的一种动作,即从静止状态向运动状态转变,同时,起动也能作为一种方法,促进位移初速度的获得。

在篮球运动项目开展过程中,起动的动作要领在于在动作开始前降低重心,前倾上体,双手手臂的肘部弯曲,在体侧自然垂直,后脚或者异侧脚的前脚掌的蹬的动作要用力,伴随手臂快速摆动的动作进行起动。

起动中比较容易出现的错误是:没有及时地移动重心,后脚的前脚掌或者是右侧脚没有做出充分的蹬地动作,存在较大的步幅。

对阵篮球运动中起动常见的错误,纠正的有效方法是,蹬地时快速用力,尚未向前倾上体,突然地摆动手臂起动,最开始的两步或者三步应该快速且步幅小。

---

[1] 蔡文锋,刘亚飞,田登辉.高校体育教学改革理论与方法多维探究[M].北京:九州出版社,2020.

2. 跑

在篮球运动项目开展的过程中,跑作为一种脚步动作,目的在于争取时间促进攻守任务的完成。一般来讲,在篮球运动项目的比赛活动中,主要有以下四种形式的跑。

(1)变向跑。如果方向的改变是由右边向左边时,最后一步应该通过右脚的前脚掌内侧做用力蹬地的动作,同时还要稍微内扣脚尖,屈膝迅速,之后左转腰部,向左前方前倾上体;对重心进行移动,向左前方跨出左脚,之后再快速地前进。

(2)变速跑。在篮球运动项目开展的过程中,一种练习者在跑动时通过改变速度来促进攻守任务完成的方法就是变速跑。练习者从慢跑向快跑转变的时候,前倾上体,短促有力地用前脚掌向后蹬地,同时摆动手臂要迅速,在开始的两步或者三步的时候,应该使跑的频率得到加快。当练习者从快速跑向慢速跑转变的时候,需要抬起上体,加大步幅,用前脚掌同地面接触,使冲力得到减缓,进而使练习者跑步的速度得到降低。

(3)后退跑。在篮球运动项目开展的过程中,当练习者做后退跑动作的时候,需要交替地使用双脚的前脚掌蹬地且跑动向后,同时,还要挺直、放松上体,双手手臂的肘部弯曲同摆动相配合,使身体保持平衡,两只眼睛半视,对场上的情况进行观察。

(4)侧身跑。在篮球运动项目中,侧身跑的关键目的在于,当练习者跑向前方的时候,朝着跑动的方向将脚尖对准球,同时将头部与上体向着球所在的方向转动,以便于对场上的情况进行观察。

3. 滑步

在篮球运动项目的防守移动中使用频率比较高的一种步法就是滑步。滑步对练习者身体平衡的保持是非常有利的,能移向任何一个方向。对滑步而言,一般可以将其分成三种类别:前滑步、后滑步、侧滑步,其中侧滑步也就是横滑步。

4. 急停

急停是队员在运动中突然停止的一种脚步动作,分跳步急停和跨步急停两种。

(1)跳步急停。在篮球运动项目的慢速移动与中速移动中,练习者的起跳可能会使用单脚,也可能会使用双脚,同时会稍微向后仰上体,两只脚要同时落向地面。在双脚落地的时候保持两腿膝盖的弯曲状态,且双手手臂肘部弯曲向外张开,使身体保持平衡。

(2)跨步急停。在篮球运动项目开展的过程中,如果快速移动的时候练习者需要急停,那么就需要跨一大步向前,后仰上体,后移重心,先着地的一定要用脚跟,然后向全脚掌抵住地面过渡,快速地弯曲膝盖。之后就可以进行第二步了,当双脚落地以后,稍微向内转脚尖,通过脚前脚掌内侧做出蹬地动作,弯曲双腿膝盖,使上体向侧稍微转动同时向前微倾,在双脚之间保持重心,双手手臂的肘部弯曲自然打开,使身体保持平衡。

5. 转身

转身作为一种篮球运动项目中的脚步动作,是以练习者的一只脚作为中轴,同时用力地将另外一只脚蹬地,旋转身体,进而使练习者的身体方向得到改变。在转身动作完成的过程中,身体重心向中枢脚转移,将脚提起,将前脚作为中轴,用力向下碾地的同时,移动脚步使劲蹬地,随着移动脚的转动,上体也要转动。需要注意的是,身体重心不能上下起伏,其转动需要沿着一个水平面。当练习者的转身动作完成以后,应使自身身体保持平衡,以促进同下一个动作之间的衔接。

通常来讲,我们会将转身分成两种,即前转身与后转身。所谓的前转身,主要指的是移动脚跨步转向中枢脚前方,进而使练习者的身体方向得到改变;而所谓的后转身,主要指的是移动脚撤步转向中枢脚后方,进而使身体方向得到改变。

(二)传、接球

在篮球运动项目中,比较重要的基本进攻技术之一就是传、接球技术。通常经过多次及时、准确地传、接球才能实现一次成功的进攻,进而实现攻击时机的创造。

1. 双手胸前传球

双手胸前传球是比赛中最基本、最常用的传球方法,用这种方法传出的球快速有力,可在不同方向、不同距离中使用,而且便于和投篮、突破等动作结合运用。双手持球的方法是两手手指自然分开,拇指相对成"八"字形,用指根以上部位持球,手心空出。

2. 单手肩上传球

单手肩上传球是单手传球中一种最基本的方法。这种传球具有力量大、速度快的优点,常用于中、远距离传球。

(三)投篮

投篮是进攻队员为将球投向球篮而采用的各种专门动作的总称。

第一,原地单手肩上投篮,是现代篮球比赛中应用比较广泛的一种投篮方法。

第二,行进间单手肩上投篮,是在比赛中切到篮下的一种投篮方法。

第三,行进间单手低手投篮,是在快速跑动中超越或在空中探身超越对手后的一种投篮方法。

第四,急停跳起单手肩上投篮,是具有突然性的一种投篮方法。球的出手点高,不易被防守。

动作要领:以右手投篮为例。快速向篮下运动,突然利用跳步或跨步急停起跳,同时两手持球上举;当身体达到或接近最高点时,右臂向前上方伸直,手腕前屈,食、中指拨球,通过指端将球投出。

(四)运球

运球是进攻技术中重要的基本技术,是组织全队进攻配合和突破防守的手段。

(五)防守技术

防守对手是防守队员合理地运用脚步移动和手臂动作积极地抢占有利位置,阻挠和破坏对手的进攻动作,并以争夺控球权为目的的行动。要达到上述目的,防守时必须积极主动、认真负责,综合地联系脚步移动、位置站法、手臂动作、防守姿势,以及抢、打断球技术等多项内容,同时还要对其有效地使用,以促进防守任务的更好完成。

(六)抢篮板球

在篮球运动项目开展的过程中,双方攻守时的争夺焦点就是篮板球,同时,它也直接决定了攻守的转换,可以说球权获得的主要途径就是对篮板球的抢夺。在所有的篮球运动项目比赛活动中,投篮命中率与抢夺篮板球次数相比较,后者比前者更加容易影响到比赛的最终输赢。因此,在现代篮球运动中,争夺主动、获得控制球权的主要根据就是篮板球的争夺,同时展示了个人的实力与全队的实力。如果能抢夺到进攻篮板球,那么就获得了明显优势,能增加进攻次数和篮下得分,并增加队员的信心;抢防守篮板球,不仅能控制球权,创造更多的快攻反击机会,而且会对进攻队员的投篮产生巨大的心理压力。教练员一般都很重视抢篮板球能力的训练和提高。

三、排球运动训练

(一)准备姿势和移动

排球运动项目的一项最基本的技术就是准备姿势和移动,这两项内容都是无球技术的展示,能作为重要的基础与前提,促进各项有球技术的完成。例如,传球技术、发球技术、点球技术、扣球技术与拦网技术等,同时,还能作为纽带,串联起各种有球技术运动。在排球运动项目中,其准备姿势同移动之间的关系是相辅相成的,准备姿势的目的是移动,可以说,如果想要实现快速移动,就必须先做好准备姿势。

1. 半蹲准备姿势

在排球运动项目中,最为基本的一种准备姿势,也是比较常见的准备姿势就是半蹲准备姿势。要求练习者两腿的膝盖微微弯曲,双脚抵地。

2. 移动

在排球运动项目中,移动的意义在于将球及时接好,同时将人和球之间的位置关系保持好,为击球动作做好准备。比较常见的有以下两种步法。

(1)交叉步

在排球运动项目开展的过程中,交叉步移动的基础和条件是来球同练习者的体侧存在 3 米左右的距离。交叉步移动具有步幅大、动作快的显著特点。如果使用向右侧交叉步时,需要稍微向右倾上体,在右脚前面,左脚交叉迈出一步,之后右脚跨出一大步向右边,同时使身体向来球方向转动,对击球之前的姿势进行保持。

(2)并步与滑步

在排球运动项目开展的过程中,如果练习者身体同球之间的距离是一步左右,那么就能使用并步移动。在移动进行的过程中,移动向前,前脚跨出一步向来球方向,后脚蹬地跟上。如果来球同练习者之间的距离较远,仅仅使用并步是不能向球接近的,这时可以使用快速的连续并步。连续并步也被称作滑步。

不仅如此,移动的步法除交叉步、并步、滑步外,还有跨步、跑步、跨跳步等。

(二)发球

在排球运动项目开展的过程中,所谓的发球主要是指在发球区域,练习者将自己抛起来的球用一只手向对方场区直接击入的动作。作为排球运动项目的一种基本技术,发球也是一种重要的进攻性技术,广泛地使用在排球比赛中。伴随排球运动的不断发展,也促进了其发球技术的持续创新与提高。

1. 正面下手发球

面对球网两脚前后开立,左脚在前,两膝微屈,上体稍前倾,重心偏于右脚,左手持球于腹前。发球时将球抛起在体前右侧,离手约 20 厘米高。抛球前,右臂伸直,以肩为轴向后摆动。击球时,右脚蹬地,随着右手向前摆动击球身体重心移至前脚上,在腹前以手掌击球的后下方。手触球时,手指手腕紧张,手成勺形。击球后,迅速进入场地。

2. 侧面下手发球

左肩朝向球网,两脚左右开立,与肩同宽。两膝微屈,上体前倾,重心落在两脚之间,左手持球于腹前。发球时,左手把球平稳抛送于胸前,距身体约一臂远。离手约30厘米高。抛球同时,右臂摆至右侧后下方,接着利用右脚蹬地向左转体的力量带动右臂向前上方摆动,在腹前用全掌击球的右下方。

3. 正面上手发飘球

击球前的动作与正面上手发球相同,只是抛球稍低、不旋转。挥臂时由后向前做直线加速挥摆,用掌根或半握拳击球的后下部,用力要突然、短促,使作用力通过球体中心,球在飞行中不旋转而产生飘晃。击球后手臂突停、下拖、突停回收或平砍等动作,可以发出不同性能的飘球。

(三) 传球

传球是排球技术之一,是利用手指手腕的弹击将球传至一定目标的击球动作。传球是排球运动中的重要技术,是组织进攻战术的基础。

1. 正面传球

传球时拇指、食指和中指承担球的压力,其余手指触球两侧协助控制球。球触手的瞬间手指和手腕应保持一定的紧张程度,利用其弹力和伸臂与脚蹬地的协调力量传球。

2. 侧向传球

身体不转动,主要靠双臂向侧方伸展的传球动作叫侧传。侧传有一定的隐蔽性。准备姿势和迎球动作与正面传球相同,击球点保持在脸前或稍偏于出球方向一侧。一侧手臂要低一些,另一侧手臂要高一些。用力时,蹬地后上体要向出球方向倾斜。双臂向传出一侧用力伸展,异侧手臂动作幅度较大,伸展较快。

3. 跳传

跳起在空中传球叫跳传。跳传在当前的排球比赛中已被大量运用,有的优秀运动员甚至把跳传作为主要的传球方式,这是因为跳传的击球点较高,能有效地缩短传扣的时间间隔,保证快速进攻战术的实施。同时跳传还能与两次球进攻战术联系在一起,因此具有较大的迷惑性。

跳传的起跳动作无论是原地起跳还是助跑起跳,最好都要向上垂直起跳,保持好身体的平衡。当身体上升到最高点时,靠迅速伸臂以及加大指腕力量将球传出。跳传可以分为正传、背传和侧传,其传球手形、击球点分别与正传、背传、侧传的手形和击球点基本相同。

(四)垫球

垫球是排球基本技术之一,指的是通过手臂或身体其他部位的迎击动作使来球从垫击面上反弹出去的击球动作。

(五)扣球

扣球指队员跳起在空中用一只手或手臂将本方场区上空高于球网上沿的球击入对方场区的一种击球方法。扣球是排球比赛中最积极最有效的进攻手段,是得分和得发球权的主要方法,扣球的成败,是完成全队战术配合、决定胜负的关键技术。

1. 正面扣球

在排球运动中,最基本的扣球技术是正面扣球,只有掌握正面扣球的基础动作,才能学习和掌握其他难度大的扣球技术。

2. 勾手扣球

在起跳后,左肩对网,通过转体动作,带动右臂向左上方挥动击球的一种方法。这种扣球适合于远网扣球或由后排调整过来的球。它可以扩大击球范围,并能弥补起跳过早或冲在球前起跳的缺陷。

3. 单脚起跳扣球

单脚起跳扣球是指助跑的最后一步以单脚踏地,另一只脚直接向前上方摆动帮助起跳的一种扣球方法。这种扣球在现代排球中由于各种冲跳扣球的大量采用,使其有了新的发展前景。

(六)拦网

拦网是指在球网附近的队员,将手伸向高于球网上沿,阻挡对方击过来的球并触及球,是排球的基本技术之一。

1. 单人拦网

(1)准备姿势。面对球网,两脚左右开立,约与肩同宽,距球网30～40厘米。两膝稍屈,屈肘置于胸前。

(2)移动。为了及时对准扣球点,一般情况下采用与网平行的移动,常用的移动步法有并步、滑步、交叉步和跑步。

(3)起跳。原地起跳时重心降低,两膝弯曲用力,同时两臂在体侧屈肘做划弧线摆动,使身体垂直起跳。起跳的时机应根据对方的扣球变化而有所不同,一般应比扣球队员起跳晚半拍,但拦快球时应与扣球者同时起跳。

(4)空中击球。拦网时,两臂贴耳垂直,双肩上提,两手距离不能超过球的半径,并要尽量接近球的上空。拦网时手指自然张开,手腕略后仰,手指微屈,分开呈勺形,以便包住球。当手触球时,双肩上送,两手要突然紧张,手腕用力下压,盖住球的前上方,将球拦在对方场内。

(5)落地。拦网后要正面对网屈膝,缓冲落地。若未拦到或拦起球在本方时,则应在身体下落时向落球方向转体,便于后撤接应或反攻。

2. 集体拦网

集体拦网有双人拦网和三人拦网两种,集体拦网技术动作除要求具备个人拦网技术要求外,还应注意队员间的互相配合。

(1)集体拦网要确立以谁为主,密切协调配合。

(2)起跳时应避免互相冲撞或干扰。

(3)起跳后,手臂在空中既不要互相重叠,也不要间隔太大,以免造成拦击面小而漏球。

(4)身材高矮不同的队员要加强配合。

(5)身材高、弹跳力强或拦网好的队员,应排到拦网重要的3号区域,或对准对方的主攻者。

第二节　田径运动项目的训练方法实践

一、走跑类运动训练

(一)走跑类运动的类型及其动作要求

1.竞走运动

(1)竞走运动的技术动作结构的提高和完善,一定不能脱离"竞走定义"本身,并且要最大限度发挥腾空时间的作用,进而提升步长或者步频。

(2)竞走运动要借助直腿勾趾和脚跟着地这两个着地预先动作,在脚着地时,采取滚动式脚跟着的战术,较少制动动作,使步长进一步扩大。

(3)不出现肉眼可见的腾空动作,以及从前腿着地开始直到垂直位置,膝关节始终保持伸直,这是竞走技术在空间上的两个显著特征。

(4)提高步频与增加步长是竞走技术动作追求的目标,可以在确保步长一定的情况下提高步频,或者在确保步频一定的情况下增加步长,还可以在步长和步频均保持稳定的情况下提升持久性。

2.短跑运动

(1)头部及躯体动作

双目向前直视,颈部和肩部要放松,上身保持直立或微微前倾。摆臂时,向前摆动的速度要有力,摆动速度和摆动幅度要大,同时牵拉肩部以脊柱为轴扭动。

(2)腿部摆动动作

跑动开始后,摆动腿在髋关节的力量牵动下有力前摆,同时带动腿部自然折叠。向上摆动中,大腿向上抬起到最高点时,大腿应该接近于与上身垂直。向下摆动时,大腿要有力向下压,使脚掌在身体重心投影点前方快速着地。脚着地瞬间,小腿与地面呈 90°夹角,脚跟与地面尚有一段距离。随后,膝关节和踝关节进一步弯曲,脚跟向下压,为下一步快速向前移动身体重心和后蹬做好准备。

(3)后蹬动作

短跑的主要前移动力来自后蹬动作。后蹬动作包括伸展髋关节、膝关节和踝关节三个分解动作。蹬伸速度、程度以及方向是三个重要的技术指标,特别是蹬伸速度,是当代短跑技术追求的主要目标。蹬地时要最大限度借助蹬地的力量,以提高蹬伸的速度。

(4)跑动动作

后蹬动作和摆臂动作、摆腿动作要相互协调,前摆臂和摆腿时要注重速度,追求身体放松、步幅长、步频高的效果。

3. 中长跑运动

(1)手臂动作

肩部放松,大臂和小臂保持直角,手部半握拳,两臂以肩关节为轴有力进行摆动。前摆时,手臂微微向里,但不越过身体中线,向上摆动时手部低于下颌。后摆时,手臂微微向外,向下摆动至大臂和小臂之间的夹角略大于 90°时为摆动最低点。

(2)上身动作

双目平视,颈部和肩部放松,头与躯干呈直线,上身保持正直或微微前倾。

(3)摆腿动作

摆腿动作紧接在后蹬动作之后。向上摆动时,膝关节放松,摆动腿用力前摆,同时带动大腿和小腿放松折叠。向下摆动时,大腿要用力向下压,小腿放松,自然地跟随摆动,前脚掌在身体重心投影点前方一脚长距离着地。之后膝关节和踝关节微微弯曲,迅速接续后蹬动作。

(4)后蹬动作

当身体的重心越过身体支撑点的垂直平面时,向前用力送出髋关节,同时迅速伸展髋关节、膝关节及踝关节。

(5)弯道动作

弯道跑时,身体向内自然倾斜。右膝关节和右脚微微向内转,左膝关节和左脚微微向外转。右臂摆动时稍向前,摆动幅度偏大;左臂摆动时稍向后,摆动幅度偏小。

(6)中长跑运动的呼吸动作

跑动时要使用口部和鼻部共同呼吸,同时呼吸动作要与腿部动作相协调,具有一定的节奏。

(7)中长跑运动的整体动作

全身各部位要相互配合,协调一致,在步长相对稳定的条件下适当提高步频。

4. 跨栏跑运动

(1)起跑至第一栏技术

第一,起跑至第一栏的技术要领与短跑技术要领相比差别不大。一方面是起跑后疾跑时,躯干与地面之间形成的夹角较大;另一方面是身体的重心略高。

第二,起跑至第一栏通常用8步。因此在步长一定的条件下,提高步频可以有效提高速度。

第三,起跑后,步长逐渐增加,至最后一步时,两腿的剪绞加速,起跨腿要有力着地,为起跨动作做好准备。

第四,进一步减少落地支撑的时间,使步频提高,进而提升速度。

(2)跨栏步技术

第一,上栏。栏前最后一步的步长要比最后第二步短10～20厘米,在距离栏2.0～2.2米时起跨;起跨腿的脚掌前端快速着地;摆动腿的大腿和小腿自然收起,脚跟向臀部贴近,以髋关节为轴,膝关节有力前伸,形成利于蹬地的最佳角度;起跨后,髋关节、膝关节和踝关节积极伸展,与躯干的中心线在同一条直线上,起跨腿与地面的夹角比较小,起跨腿抬起之后,摆动腿向前,与摆动腿异侧的手臂积极向前,肘部越过膝关节,平行于摆动腿,与摆动腿同侧臂向后方摆动。同时身体向前倾斜,双目平视。

第二,下栏。下栏时,身体前倾,摆动腿有力向下压,起跨腿的大腿和小腿自然折叠,膝关节用力前伸,两条腿的剪绞速度加快,较少腾空,与摆动腿异侧的手臂向起跨腿相反的方向摆动,使肘关节与膝关节贴近,手臂越过肩关节时,肘关节向上提、向里收,与摆动腿同侧的手臂,肘关节弯曲,向后方提拉;摆动腿在身体重心垂线之前用力着地,下栏时身体微微向前倾斜,支撑动作要保持在较高的位置,起跨腿向身体前方提拉,使身体重心快速向前方运动。

(3)栏间跑技术

下栏后,身体重心快速向前运动,第一步的跑动要积极有力,步长要适当。在栏间跑的过程中,身体的重心较高,步频高,着地时前脚掌要充满弹性。双臂的摆动要积极且迅速,身体稍向前倾斜,双目直视前方。

(二)走跑类运动的科学化训练

1.竞走的科学化训练方法

竞走是一项对技术要求较高的运动,因此竞走训练的安排应该贯穿训练过程的始终。初学者在训练中应该注重对基本技术的把握,完全遵循竞走的定义开展训练。竞走技术训练应该贯穿于多年和年度训练中,在提高运动效果的同时,要持续做好技术水平的提升。基本技术掌握得越牢固,越能保持良好的竞技水平,进而在高强度的比赛中保证技术动作不走形。

2.短跑的科学化训练方法

要想提升短跑运动效果,不仅需要全面提高身体素质,还要不断提高短跑的技术水平。短跑训练的一项重要任务就是不断改进和完善短跑技术。因此,在全年的训练中都应该安排短跑技术的训练内容。不仅要加强对短跑完整技术的训练,还要有针对性地开展关键技术训练,重点练习蹬地技术、蹬地与摆动协调技术、着地时的缓冲技术、送髋技术、脚掌末端发力技术等关键技术。

3.中长跑的科学化训练方法

在中长跑科学化训练中,通过利用科学合理的技术,将跑步中的体能消耗降到最低,使身体素质的作用发挥到最大。中长跑技术的练习,通常是通过大量跑来开展的。① 除此之外,可以根据运动员的自身条件,有针对性地开展专门性的技术训练。例如,腿部技术的完善、灵敏协调性的提高和腿部力量的增强,可以通过小步跑、后蹬跑、高抬腿跑等专项训练得到实现。还有加速跑、跨步跑、蛙跳、同步跑等专项训练,都对中长跑技术的提高有所帮助。

另外,中长跑技术训练中还应该充分重视步长与步频的关系、呼吸和跑动的节奏、上下肢的协调、腾空和支撑的时间比例等。如果这些关系处理得当,就能提升中长跑技术水平,使跑动中的体能消耗降低。

4. 跨栏跑的科学化训练方法

跨栏跑的技术训练由两部分组成,即基本技术训练、完整技术训练。基本技术是最基础的技术,对基础技术训练的要求务必要更加严格。基本技术训练包括起跑至第一栏技术训练、落地支撑技术训练、跨栏步技术训练、跨栏节奏训练等。完整技术训练的内容包括起跑后提速的能力、跨和跑结合的能力、对全程节奏的把握等,更加注重对运动员综合水平的培养。在跨栏跑技术训练中,可以通过设置不同强度的训练内容来实现不同的训练效果。必要时,可以采取减低栏高、变更栏间距、提高栏间步数等训练方法,通过降低训练强度来提高运动员对技术的掌握速度。但是,只有认真、严格、细致的高强度训练,才能检验和完善运动员的技术,提高运动员的竞技水平。

二、跳跃类运动训练

(一)跳跃类运动的类型及其技术要点

1. 跳高运动

(1)助跑。助跑的技术要点如下:

第一,动作应该做到轻松,要让动作有一定的节奏感,速度要越来越快,直线以及弧线的转换应该做到连贯自如,保持稳定,让身体的重心处

---

① 马国杰. 田径教学与训练[M]. 北京:北京工业大学出版社,2023.

于较高的位置,有明显的节奏特点。

第二,弧线助跑的过程中要保持身体向内侧有一定的倾斜,外侧的肩部要高于内侧的肩部。

第三,助跑的节奏应该越来越清晰,尤其是最后几步的时候,步伐之间的频率要加快,这样才能做好起跳的准备。

(2)起跳。起跳的技术要点如下:

第一,在最后一步,摆动腿应该保持速度,并且有力量地进行蹬伸,与此同时,摆动手臂配合腿部的摆动,而且肩和腰应该向上提,这有助于获得更好的起跳效果。

第二,起跳脚落地的速度应该要快,让脚后跟的外侧先和地面接触,然后再让整个脚落地,在身体内倾程度最大的时候将脚踏上起跳点。

第三,让膝关节部位的缓冲尽可能地小,这样能让起跳动作和助跑动作更加连贯。第四,在落地的一刹那,身体应该是处于内倾状态的,然后要立刻将膝部、踝部以及髋关节蹬伸开,使身体可以向前方迅速腾起。

(3)过杆和落地。过杆和落地的技术要点如下:

第一,用力地起跳,然后在过杆的时候把头仰起来,肩要往下倒,挺胸,腿应该自然地收回来。

第二,找好仰头和倒肩的具体时机,如果时机掌握不恰当,那么可能会导致把杆碰掉,要利用腰部的力量控制好在空中的姿势,整个身体应该融为一体,这样才能更好地过杆。

第三,在成功过杆之后,应该把下颚收回来,让肩部和背部先落地,头部不要先落在地上,否则可能会造成颈部受伤。

2. 撑竿跳高运动

(1)持竿助跑。持竿助跑的技术要点如下:

第一,助跑的过程中速度要渐渐变快,大腿应该抬高,要保持重心处于较高的高度,而且应该放松地助跑,让自己的步伐有较大的弹性。

第二,充分利用竿头下降带来的前翻拉力,让拉力变成自己助跑的牵引力,提高助跑的速度。

第三，在助跑的最后几步，要让自己的大腿尽可能地抬高，还要在保证步长的基础上加快步子之间的频率，让助跑节奏越来越快，还要注意身体维持平衡。

第四，胳膊应该以肩线为轴心自然地进行上下晃动，胳膊应该维持和跑步一样的节奏，上部分身体应该保持直立状态，只有这样才能保证在准确的起跳点起跳。

(2)插穴起跳。插穴起跳的技术要点如下：

第一，让竿的升降和插穴维持高速的协调，按照正确顺序一步一步完成，不要出现多余动作。

第二，助跑阶段获得的速度应该尽最大可能地转换成竖竿的动量以及摆体动量，同时要积极地举竿、送竿，要有力且快速地进行起跳蹬伸，让竿承担起跳的力量。

第三，在助跑阶段的最后一步，大腿和小腿应该是折叠的，而且大腿应该尽力向下压，让脚掌从上到下地落地，这样能获得更快的起跳速度，取得更好的起跳效果。

第四，在起跳举竿的过程中，应该同时进行踏跳，在举竿以及脚蹬地准备起跳的配合中，使身体得到最大伸展，这时竿和地面之间的夹角也会变大。握竿、插竿以及起跳的点最好保持在同一垂直面，这样人体才能向着前方进行快速且稳定地摆动。

(3)悬垂摆体和后翻举腿。悬垂摆体和后翻举腿的技术要点如下：

第一，悬垂时应该最大限度地伸长，把前肌群拉长，让自己的肩部、胸部以及髋部向前，以此来形成背弓，还要把起跳的那条腿放在身体后部，身体应该保持起跳时的反弓姿势，让胸和撑竿靠近，摆动腿应该靠近起跳腿，与此同时，左臂应该稍稍弯曲，右臂应该伸直，在撑竿的力量支持下，向前方进行摆动。

第二，在"长摆"结束之后，要快速地进行屈膝，还要把头仰起来，让身体向后方倒去。在"短摆"的过程中，应该让摆动半径尽可能地短，身体翻转的方向应该和撑竿反弹的方向是吻合且向上的。

第三,身体要在紧绷的状态中向后翻,而且腿要向后上方伸举,右臂应该适时地进行屈肘拉臂。

(4)拉伸转体和推竿。拉伸转体和推竿的技术要点如下:

第一,在竿子接近90°时进行转体和引体,需要借助竿子的反弹力量将转体动作和引体动作准确地做出,两个动作要做到几乎同时进行。

第二,双臂需要在竿子的纵轴方向上进行拉伸,让髋部在手握竿的地方向左旋转,在旋转的过程中腿应该并拢,膝盖应该伸直。在做这两个动作时,身体应该靠近撑竿,要保持动作的连贯、平稳、快速,如果动作过于激烈,那么竿子的伸直速度会受到影响。

第三,在垂直的状态下进行推竿,把拉引之后竿子剩余的力量充分地利用起来,让身体获得向上的支撑力量。

第四,在整个过程中,大腿应该都是伸直的状态,并且是并拢的,要利用惯性随着身体上升。

(5)腾跃横杆和落地。腾跃横杆和落地的技术要点如下:

第一,推竿之后应该在横杆的后面压腿,动作应该相对快速简短,与此同时,骨盆还要向上运动,以此让身体保持弯弓姿势,然后绕轴转动、腾起。

第二,在垂直状态时推竿,让身体能在快速的状态下平稳地推起。

第三,在推竿之后,两条腿应该是向上的,并且是伸直的,如果大腿已经越过横杆,那么腿应该下压,并且绕轴转动,转动的过程中应该低头收腹,并且把手臂抬高,把腿举起,让背部先接触垫子。

3. 跳远运动

(1)助跑。助跑的技术要点如下:

第一,使用任何助跑方式都是为了获得更快的助跑速度,以便更准确地踩在起跳板上,这个过程应该保持重心平稳,助跑应该是直线性的。

第二,保持助跑姿势稳定,奔跑的距离、技术、节奏、步幅、步长,尤其是在进行到最后几步时,一定要保持节奏。

第三,助跑时速度要慢慢地变快,尤其是到达最后几步时,应该让速度达到最快。

(2)起跳。起跳的技术要点如下：

第一，在最后一步腿蹬地时髋部要积极地送出去，与此同时，起跳腿应该向起跳板的方向迈去，这样能获得更快的上板速度，但是大腿不可以摆得过高。

第二，在起跳时，蹬和摆需要进行较好的配合，摆动动作应该向前方快速地送出，与此同时，髋部应该带动大腿进行较快的、幅度较大的摆动，身体应该处于直立或者是稍稍前倾的状态，让身体的重心处于较高的位置，保证身体能快速地向前移动。

第三，起跳时，应该抬头挺胸，上部分身体保持直立，膝盖关节、踝部关节、髋部关节都应是蹬直的状态，肢体的上下应该做好协调配合。

(3)腾空落地。腾空落地的技术要点如下：

第一，无论选择哪一种姿势都必须注重重心的平衡，还要抬头挺胸，在落地之前大腿应该抬高，小腿应该向前伸展，为落地做充分的准备。

第二，挺伸式的跳远动作需要把摆动腿向下放，与此同时，膝盖要有伸展动作，髋部应该向前，腹部不可以挺出，两臂协调配合。

第三，走步式的交换动作主要以髋部为轴心，在这个动作中，摆动腿应该下放，还要向后方进行摆动，起跳腿应该向前屈膝，与此同时，胳膊也应该配合腿的动作进行摆动。

第四，在落地之前，双臂应该向后面快速摆动，让腿部和地面之间的角度尽可能地小，双腿在接触沙面的时候应该快速地屈膝，以减少冲击力。

(二)跳跃类运动的科学化训练

1.跳高运动的训练方法

跳高训练能在一定程度上提高运动员的跳高成绩。想要获得科学合理的技术不仅需要开展长期的练习，还要使用较为系统的训练方法，而且训练应该长期坚持，在训练初期主要涉及教学因素和训练因素，学习的重点是掌握一些基础的跳高技术，如主要环节的跳高技术。训练应该强调技术细节的改进以及整个节奏的完善，不断地提高跳高技术水平，从而获得更加优秀的成绩。在训练的过程中，不仅要严格遵守规范，还要结合训练，尽量让训练者形成自己的独特风格。除此之外，技术训练还要结合身体训练，尤其是技术细节方面的完善。使用的辅助手段、练习手段应该尽量简化，针对不同的细节逐一完善，如果改进的是完整技术，那么必须进行较多的完整技术练习，要深刻体会不同的速度、不同的用力情况下技术动作的变化，以此实现动作的完美。

2.撑竿跳高的训练方法

撑竿跳高技术是非常复杂的，在训练的时候要特别注重撑竿跳高的训练，而且训练要求训练者全面地发展自身的身体素质，投入较多的精力。撑竿跳高完整技术主要涉及的用力点包括：①在插穴起跳中用力。②在后翻举腿过程中用力。③在引体、转体以及推竿的过程中用力。这三个用力点是能否掌握完整技术的关键，因此，技术训练应该主要围绕这三个用力点对动作进行分解练习，以此来保证动作是正确的。

撑竿跳高完整技术需要进行的练习强度很大，运动员应该在体力充沛且精神集中的情况下训练。在一节技术训练课程中，很难同时完成很多数量的练习，所以，技术训练最好使用比较轻的撑竿，然后进行距离适中的助跑，以此来提高过杆跳跃的次数，使训练数量得到保证。在进行撑竿跳高技术训练的过程中，通常是先把动作进行分解，然后再结合动作进行完整训练。换言之，除了动作分解练习之外，还要进行完整动作的基础练习。完整技术练习要让各个分解动作连接更加顺畅，以此来获得效果相对较好的整体跳跃节奏。撑竿跳高运动最关键的是训练者能否熟练地控制撑竿，如果能熟练地控制撑竿，那么比较容易取得好的成绩。

3.跳远的训练方法

跳远技术训练主要针对的是完整技术训练，与此同时，也要辅助分解训练，训练时期以及对象的不同需要投入的时间也是不同的。如果是比赛时期，那么应该进行完整练习；如果主要是为了改进技术，那么应该进行分解练习，但是与此同时，也要进行相应的完整技术的配合练习；如果是掌握改进技术的阶段,那么应该进行长短不同的助跑练习;如果比较接近比赛,那么最好使用全程的助跑练习。除此之外,应该在运动员个人状态比较好的时候训练,而且要树立明确的训练目标,一节课中不宜针对过多的地方进行技术改进。

三、投掷类运动训练

(一)投掷类运动的类型及其动作要求

1. 推铅球运动

(1)滑步

第一,摆腿,利用摆腿动作带动髋部运动,髋部的运动方向应与投掷方向成水平状态。滑步是个连续性动作,需要有摆、蹬、拉、压的动作,这些动作都是相连接的,前一个动作会为后一个动作产生助力与支撑。例如,摆腿的动作,摆动的力量和幅度可以决定身体的重心位置,影响支撑腿与地面的角度和滑步速度。

第二,支撑腿的蹬地与收回。在动作完成的过程中,身体的重心应位于身体下方,由下肢作为主要支撑部分,并且快速蹬离地面,以减少支撑腿的受压时间,让下肢超越上体和器械,这也是运动员需要进行滑步的原因,因为滑步会让身体达到速度快、运动幅度大的状态。在摆动腿的过程中,要积极压低动作,这样的配合会让后续的比赛更顺利。

第三,在投掷过程中,要注意促进"超越器械"动作的形成,非投掷臂的摆放位置会对身体的协调状态以及身体起伏造成影响。为了减少身体上下起伏,可以将非投掷臂保持前伸,非投掷臂向内扣。

第四,关于滑步速度的控制。在滑步过程中是持续加速的,关于具体速度的把握,需要运动员根据自身投掷技术的能力具体调整。滑步过程中不能一味追求高速度。因为高速度如果不能与自身的投掷技术相匹配,那么可能会加大投掷难度。最佳的状态是运动员的重心和投掷物的路线相一致。

第四章　体育运动项目的训练方法实践

(2)过渡

过渡的主要技巧在于滑步与用力之间的转换。要注意速度与投掷能力的匹配。从右脚滑动到左脚落地,运动员需要保持在滑步过程中所拥有的优势。

前述运动都完成以后,运动员要注意自己的身体平衡,并且在适当的时机用力投掷铅球。这一时机非常关键,它能影响铅球最终的落地地点。因为铅球离手的初速度就由这一阶段决定。

2.掷铁饼运动

掷铁饼运动需要运用双腿的支撑进行转动,随后转为单脚旋转,然后腾空旋转,再运用动作进行衔接,最后用力将铁饼掷出。当然,最初是加速阶段,需要在速度达到一定程度之后才能将铁饼掷出。这里所论述的都是掷铁饼的一般运动过程,具体的情况还需要运动员根据自身的具体习惯进行进一步的调整。

3.掷标枪运动

(1)预跑阶段

在预跑阶段需要进行匀速加速运动。标枪要扛在运动员的肩上,运动员渐渐加速。跑步时身体要放松,不要让肌肉过于紧张。关于速度的把握,需要运动员根据自身的情况来决定。投掷步阶段,运动员要对自己采用几步投掷步进行正确的判断,要根据自身的情况来确定。运动员在投掷步的后期是需要加速的,特别是在第三、四步时,运动员要有一个明显的提速。

(2)用力阶段

用力阶段也是投掷标枪最重要的一部分。关于最后用力投掷的阶段,需要运动员做到:①尽可能地使全身肌肉都参与进来;②落地之后要注意由于惯性而产生的髋部运动。右脚落地但左脚未落地之前,要注意调整自身的重心位置。

(3)平衡阶段

在标枪投掷出手之后,身体要保持平衡。为了避免犯规,运动员应该顺应惯性,及时向前跨步,并且将本来位于右脚的重心转向左侧身体,借助这样的动作来维持身体的平衡。

(4)投掷之后标枪的运动飞行阶段

标枪会呈轴自转向前运动飞行。如果标枪的自转速度足够快,那么标枪在空中的飞行也会更稳定,而且快速自转能使标枪落地的时间延后。

(二)投掷类运动的科学化训练

1. 推铅球运动的科学化训练

在投掷铅球的过程中,运动员会受到投掷圈的限制,比如助跑阶段,就会受到距离的限制。运动员想要将铅球推得足够远,就一定要提升自身的爆发力。这一爆发力主要体现在力量素质和快速力量爆发两方面,这也要求运动员要全面提高身体素质。提高力量素质,会对运动员推铅球的结果产生决定性作用,因为这也是力量爆发程度的重要基础。腰背肌和小肌肉群是运动员锻炼过程中需要着重注意的。运动员要有意识地去快速使用这些肌肉群,这样有利于比赛中力量的爆发。不仅是这两个肌肉群要进行锻炼,而且全身的肌肉也要进行一定程度的锻炼。但力量训练不要过度,以免损伤身体功能,可以隔日进行一次。训练方式根据自身情况安排,应该以提高推铅球能力为目标来进行锻炼。在练习中要注意自身的速度,同时锻炼手脚协调能力和弹跳能力,增加重物的投掷练习。

2. 掷铁饼运动的科学化训练

铁饼运动员的锻炼,需要以提高自身投掷铁饼的能力为导向来进行锻炼。运动员要注意自身肌肉全面均衡的发展,注意加强腰背肌和小肌肉群的训练。因为投掷铁饼运动过程中需要选手运用手部力量、胸臂力量以及下肢力量的支撑,所以在锻炼过程中,需要利用器械来重点锻炼这些部位肌肉群的力量,而且要注意自身内脏器官的工作时间。如果需要减少多余内脏脂肪,那么运动员也要及时进行调整。因为内脏的工作时间也会对运动员的比赛状态造成一定的影响。特别是女子运动员,要注意自身的耐力锻炼。可以利用跑步一类的耐力训练来锻炼。所有的训练都是为了更好地比赛,比赛也是为了检验训练成果,所以运动员可以根据自身比赛的状态来查漏补缺,看清楚自身所存在的问题,需要提高哪一方面的技术,边训练边打基础,边比赛边提高自身技术。

3.掷标枪运动的科学化训练

投掷标枪的运动本质上来说是一场速度和力量爆发的运动,需要运动员具有极高的协调能力和迅速反应能力,对运动员的躯干、腰、髋的要求都是极高的。投掷标枪的过程中,对运动员下肢肌肉的收缩力和收缩速度也有着极高的要求。投掷标枪这一动作是大幅度的,需要肌肉群高度配合,要求运动员具备强有力的手腕柔韧性和肘关节协调性。为了掌握标枪投掷运动的技术要点,运动员要不断提升自己的身体素质。

第三节　塑身运动项目的训练方法实践

塑身运动是以身体练习为基本手段,运用专门的动作方式和方法进行锻炼,以塑造体型,培养姿态,改善气质,增进健康为目的的一项新兴体育项目。

塑身运动以塑造优美形体为主要特点。形体美的内容很广泛,它包括体形美、姿态美、动作美和气质美。形体美的方法有很多,它包括形体训练、健美运动、健美操、体育舞蹈、瑜伽等。

塑身运动以"健康、力量、美丽"为目标,是人类期盼与追求的身体状况的最高境界。在塑身运动中,无论是形体训练、体育舞蹈,还是健美运动、健美操,无不处处表现出"健、力、美"的特征。

一、瑜伽运动训练方法

瑜伽运动是以身体练习为基本手段的运动项目,具有增强体质、健身塑形、放松身心的功能以及形式丰富、内容新颖、简单易学、安全高效等特点,凭借着自身的优势得到人们喜爱。①

(一)基本坐姿

1. 简易坐

坐在地上或垫子上,将右小腿弯曲,放在左大腿之下,将左小腿弯曲放在右大腿之下。双手放于两膝之上,头、颈、躯干都保持在一条直线上。

2. 半莲花坐

坐在地上或垫子上,弯曲右小腿让右脚底板顶紧左大腿内侧,弯起左小腿并将左脚放在右大腿上,头、颈、躯干都保持在一条直线上。交换两腿的位置,继续坐下去。患坐骨神经痛的人不宜做此练习。

3. 莲花坐

坐在地上或垫子上,双手抓住左脚,将其放于右大腿上,脚跟放在肚脐区域下方,左脚底板朝天。双手抓住右脚,扳过左小腿上方,放在左大腿上,右脚底板朝天,脊柱保持伸直,尽量长久地保持这个姿势。交换两腿位置练习。

这个姿势较为难做,但它是一个很有用的松弛练习,掌握好之后,能引发顺畅的呼吸,增加上半身的血液循环,对哮喘和支气管炎病人有益。每次打坐之后,要按摩两腿、两膝和脚踝。

(二)站立体位法

1. 风吹树式

(1)站姿。双脚并拢,合掌胸前。吸气,双手向头顶高举,手臂轻轻夹住耳际,上身有往上延伸之感觉。

(2)吐气,上身弯向左侧,与此同时,将髋部向右侧推移,保持5次呼吸。

(3)吸气,还原向上。吐气,再弯向右侧,将髋部向左侧推移,保持5次呼吸。

---

① 李萌,贾亮.瑜伽运动在全民健身运动中的价值体现[J].田径,2022(10):28.

2.三角转动式

(1)保持两膝伸直的同时,将右脚向右方转90°,左脚向右方转约60°。

(2)呼气,双臂伸直,将上身躯干转向右方,让左手在右脚外缘碰触地板。右手臂向上伸展,与左手臂成一直线。双眼注视右手指尖,伸展双肩及肩胛骨,保持约30秒。

(3)恢复时吸气,慢慢先将双手、躯干直至最后将两脚转回各自原来的伸展状态,再转回基本站立式。

(三)跪姿体位法

以猫式为例,具体做法如下:

第一,金刚坐姿,双掌置于膝盖上,伸直背部,调匀呼吸。

第二,吸气,臀部离开脚跟,俯身向前,抬臀凹腰,膝部、脚背贴地面,手臂伸直,指尖对膝盖,下颚抬高,背部收紧,保持片刻。

第三,吐气,手掌施力收腹,拱起背部,头部向下,下颚尽量抵住胸部锁骨处,动作静止,自然呼吸5次。

第四,再次吸气,下颚向上抬,头部后仰,凹腰部,挺臀部。动作静止,自然呼吸5次。上、下各重复练习3次。还原金刚坐,调匀呼吸。

(四)蹲姿体位法

以花圈式为例,具体做法如下:

第一,蹲坐着,两脚并拢,脚心和脚跟要完全贴在地上。

第二,分开大腿和膝盖,身体向前,两手由两腿中间向前伸。

第三,手臂弯曲往后,两手握住脚踝后面的部分。

第四,握紧脚踝之后,呼气,头向下碰触地面。

第五,停留1分钟,自然地呼吸。

第六,吸气,头抬起来,手松开,休息。

二、普拉提运动训练方法

普拉提运动可以加强核心力量,促进平衡能力、提高协调性以及缓解肌肉紧张,对人体形态的影响效果非常显著。[1]

(一)普拉提训练原则

1. 专注力

普拉提运动疗法是融合肢体和心灵的运动,训练以意志力去控制身体动作。专注力对身心的重要性是不需要质疑的,它有利于厘清思绪、集中精神、增加和培养冷静处理突发状况的能力。在普拉提练习开展的过程中,必须保证每一个动作的完成都是全身心投入的,在保证动作准确度的同时,还要对身体动作观察的敏锐度进行培养,从而使其自身姿势正确性评断与动作自我纠错的多项能力得到建立与培养。

2. 控制力

运动时若对动作无控制力,不但无法从运动中受益,反倒容易造成伤害。普拉提的运动疗法没有随性或偶然发生的动作,每一个动作都是经由意识性的引导,例如头的位置、背部的弧度、手指的方向、手腕弯直、膝盖面向,而非听任身体的摆布限制。

3. 流畅感

想要有优雅的举止,就得从动作流畅感的训练做起。僵硬的肢体动作通常是因为肌肉过度紧绷,限制了关节活动范围,或是因肌力无法支撑肢体所造成。如想拥有芭蕾舞般的优雅身形,并改善僵硬的肢体动作,需从矫正身体的不平衡做起。

4. 核心

普拉提运动疗法指的"核心"是肋骨以下至骨盆的部位,这个部位称作能量室。加强此部位的肌肉群可提高身体的稳定性及全身姿势的正确性。例如,常穿高跟鞋的女士,因身体的重心前移,而造成骨盆前倾,小腿、大腿的前侧肌肉紧绷,若腹肌又不够强壮无法稳定骨盆的位置,则相当容易造成腰部的负担,引起腰椎疼痛等问题。交错骨盆部位的肌肉群

---

[1] 胡盈盈,刘伶燕,郝鑫鑫,等.普拉提运动对人体形态影响的研究[J].科教导刊(下旬),2018(12):157.

包括腹肌、背肌、臀肌、髋关节屈区肌、髋关节伸展肌与髋关节内外侧肌,而这些肌肉群也是普拉提运动训练的重点。

(二)普拉提动作解读

1. 使颈部保持弯曲状态

第一,练习者在垫子上面仰卧,分开自己的双腿,保持与胯部同样的宽度;收紧自身的腹肌,保持骨盆的中立状态,在地面紧贴上自己的肩胛骨,同时打开胸部。

第二,练习者将自身的后颈部伸长,同时轻轻地用下巴尽量与前胸接触;练习者吸气,将头部通过腹肌的力量向上,微微地向前拉起。

第三,练习者呼气,向初始位置还原,通过腹肌来控制头部。

2. 使腹部保持弯曲状态

(1)练习者在垫子上仰卧,保持双腿的弯曲状态,且同胯部之间保持同样宽度状态;练习者双手平放在地板上,手心朝下;吸气。

(2)练习者将后颈部伸长,使自身的腹肌收缩,在脑后枕住双手。

(3)练习者吸气,与此同时用双手扶住头部,向上将连肩胛骨在内的部位翘起。

(4)练习者朝着骨盆的方向将前部的胸骨与肋骨放松,伸直双腿;练习者吸气,同时保持原有姿势不变,保持骨盆的中立状态,伸直自身的脖颈与脊柱;练习者呼气,向初始位置还原,将腹肌收紧。

3. 伸腿练习

(1)练习者在垫子上仰卧,保持双腿和胯部之间的同等宽度,弯曲左腿,伸直右腿;收紧腹肌,保持骨盆的中立状态,肩胛骨紧贴地面,同时打开胸部。

(2)练习者吸气,抬高右腿,与骨盆之间呈现出 45° 的状态,同时保持骨盆的中立状态,放松脊柱。

(3)练习者呼气,将右腿向初始位置还原,并且此期间腹肌始终收缩,需要注意的是肩胛骨与地面之间要始终保持接触;完成上述动作以后,再换成左腿,对上述的动作进行重复。

4. 桥式练习

(1)练习者在垫子上仰卧,双腿保持弯曲且平行的状态,在身体的两侧平放双手,手心朝下;练习者吸气,向着肋骨方向下沉肩膀,挺直背部,收紧腹肌。

(2)练习者呼气,抬起骨盆,平行于背脊的中部;将腹肌、臀肌和脚筋收紧,两只脚掌完全同地面接触。

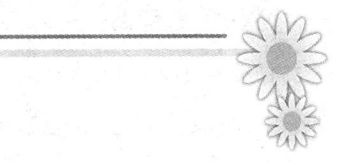

第五章 体育运动训练的创新

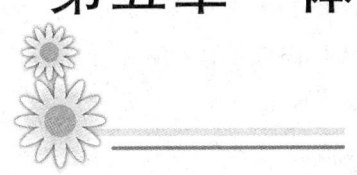

第一节 大数据时代运动训练的数字化监控

在竞技训练中,竞技目标的表现能力是训练的核心,而确保竞技目标能稳定地实现在特定时间点上,是训练控制的基本要求。在竞技训练实践中,通过量化分析和评估竞技目标表现能力的变化过程,教练员可以客观地了解训练效果,修正训练计划,并科学地控制训练进程。在我国高水平竞技训练体系中,训练监控涵盖了多个学科,包括生物学(系统生物学、分子生物学)、医学、神经科学、大数据处理等,甚至还涉及基因组测序、转录组学、蛋白质组学、代谢组学等许多领域。这些学科的应用成为提升现代高水平竞技运动训练科学水平的重要保障措施之一。

进入 21 世纪以来,互联网技术的迅猛发展,加速了各种数据的处理和存储速度,尤其是随着自动数据采集技术的普及,数据量呈现指数级增长。这种趋势引起了世界各国对大数据发展和应用的关注。如今,大数据时代已经到来,不论是在商业、经济还是社会的各个领域,管理者的决策已不再仅仅依靠经验和直觉,而越来越多地依赖于数据分析的结果。通过对大数据进行分析和挖掘,可以揭示出隐藏在数据背后的模式、趋势和关联性,从而为决策者提供有力的支持和指导。

随着大数据时代的到来和可穿戴设备的广泛应用,大数据方法开始在高水平竞技训练和监控中发挥作用,帮助提升运动员的竞技表现水平。

大数据技术逐渐成为高水平竞技赛场上取胜的核心竞争力,为奥运参赛选手和职业运动员的体能训练提供了科技支持和推动力。在高水平竞技训练中,体能训练已经通过理论和实践得到验证,可以深度挖掘人类运动潜能。随着大数据时代的发展,体能训练的方式正在逐渐从传统的依靠直觉和经验驱动决策,转变为以数据为基础进行决策。监控重点也从传统的生理生化监控向运动表现监控转变,并且从训练后的监控向训练过程中的实时监控转变。

目前,国内外一些高水平运动队和职业运动员已经开始采用数字化的体能训练与监控,这使训练与监控更加融合和精确。如何在高水平运动队中运用大数据技术开展创新的体能训练,以填补体能短板,已经成为提高竞技训练科学水平、助力体育强国建设的重要问题。

一、大数据技术在高水平竞技训练中的应用

(一)大数据在高水平竞技训练中的应用领域

1. 运动员选材

通过分析大数据,可以评估运动员的潜力和适应性,帮助教练和选拔团队做出更准确的选才决策。

2. 体能训练

大数据可以监测和分析运动员的生理指标、运动能力和体能水平,为教练员制订个性化的训练计划提供依据。

3. 运动技术分析

通过对运动员的动作、姿势和技术数据进行大数据分析,可以发现运动技术中的优势和改进空间,并提供指导和建议。

4. 战术决策分析

大数据分析可以帮助教练和运动员了解对手的战术倾向、弱点和优势,从而制定相应的战术策略。

5. 训练与比赛计划制订

通过分析历史数据和实时数据,可以为教练员和运动员提供定制的

训练和比赛计划,以优化训练效果和竞技表现。

6. 提升运动表现

大数据分析可以揭示出运动员在训练和比赛中的表现瓶颈,并提供相应的改进措施,以帮助运动员提升竞技水平。

7. 训练效果与比赛表现评估

通过对数据的分析和比对,可以客观地评估训练效果和比赛表现,为教练员和运动员提供反馈和改进的方向。

8. 竞技状态监测

通过实时监测运动员的生理指标、心理状态和运动数据,可以及时发现潜在的问题和疲劳状况,为调整训练和比赛策略提供依据。

9. 疲劳监测

大数据分析可以帮助识别运动员的疲劳状态和恢复需求,以确保合理的训练安排和休息调度。

10. 运动表现预测

通过历史数据和模型分析,可以预测运动员在比赛中的表现和成绩,帮助制定更具有针对性的策略和目标。

11. 运动损伤风险评估

通过分析运动员的训练量、生理指标和运动数据,可以评估运动损伤的风险,并采取相应的预防和康复措施。

12. 对手信息探测

通过对对手的历史数据和表现进行分析,可以获取对手的强项、弱项和战术特点,为制定对策和战术准备提供参考。

(二)大数据在高水平竞技训练中的应用方法

1. 物理类数据

利用大数据技术进行物理类数据的分析和处理。例如,使用虚拟现实(VR)图像反馈分析,可以通过大数据技术来搜集、处理和分析运动员在训练或比赛中的运动姿势、动作和力量等物理方面的数据。

2. 动作分析类数据

利用大数据技术对动作进行分析和评估。这包括战术分析,如在球类运动中,通过大数据技术搜集和分析球员的位置、运动轨迹、球传递路径等数据,以改进战术策略。另外,GPS定位技术也可以用于追踪和记录运动员的位置和移动情况,以便进行训练和比赛分析。

3. 生物大数据

利用大数据技术分析和应用生物类数据。这包括生理生化免疫、代谢组学、蛋白组学、转录组学等方面的数据。通过搜集和分析运动员的生物数据,如心率、血压、血液成分、代谢产物等,可以评估运动员的身体状况、疲劳程度和康复进展,从而优化训练计划和预防运动损伤。

4. 训练大数据

利用大数据技术管理和分析训练相关的数据。这包括目标结构关联协同和训练经验数据库等方面。通过建立训练经验数据库,运动员和教练员可以共享和访问训练数据、技术要点和最佳实践等信息,从而提高训练效果和知识传递。

在竞技训练实践中,对竞技目标表现能力变化过程的量化分析与评估,是教练员了解训练效果、修正训练计划、科学控制训练进程的主要途径。[①] 这些大数据技术方法的应用可以帮助运动员和教练员更好地了解和优化运动表现、战术策略和身体状况,提高竞技水平和训练效果。

(三)大数据监控设备在高水平竞技训练中的应用

目前在竞技训练中常用的大数据监控设备主要集中在利用可穿戴设备进行动作分析类数据的评估和训练。

1. 运动表现分析设备

(1)运动表现分析设备。例如,运动表现分析系统或运动表现监控定位系统,这些设备可以提供多个参数,如疲劳恢复情况、实时心率、跑动距

[①] 李端英,李捷,杨群,等.大数据时代高水平运动员体能训练数字化监控研究[J].广州体育学院学报,2021(5):108.

离、速度、加速度、减速度、急停、变向、跳跃、跳跃次数、平均跳跃高度、跳跃的最大值和最小值、最大跳跃百分比等。软件会根据这些数据生成训练课程或整个赛季(比赛期)的数据汇总、图表和综合分析评估报告。

(2)三维动作分析与运动表现优化系统。这种系统可以测试多个动作类别,包括跳跃和着陆、平衡、核心力量和身体控制能力。通过使用传感器和摄像头等设备,系统可以捕捉和分析运动员的动作,并提供反馈和建议,帮助改善技术和优化运动表现。

这些大数据监控设备通过搜集运动员的运动数据并进行分析,不仅可以提供详细的运动表现信息和指导,帮助运动员和教练员评估和改进动作能力,而且可以在训练过程中提供实时反馈,帮助运动员调整姿势、力量和技巧,提高运动表现和避免受伤。同时,通过记录和分析大量的运动数据,这些设备还可以为训练计划和战术策略的制订提供数据支持和依据。

2. 体能测试与训练设备

(1)运动素质测试系统

运动素质测试系统是一种用于评估个体运动能力和身体素质的工具。该系统通过一系列科学的测试项目,包括力量、速度、耐力、灵敏度和柔韧性等方面的测试,为用户提供全面的身体素质评估。该系统通常包括专业的测量设备和软件,能准确测量和记录用户在各项测试项目上的表现数据,并生成详细的测试报告。运动素质测试系统广泛应用于体育训练、健身指导、运动员选拔和健康管理等领域,帮助用户了解自己的运动能力水平,制订个性化的训练计划,提高身体素质水平。

(2)便携式体能训练套装

便携式体能训练套装是一种多功能的健身工具,不仅包括悬挂带、抗阻带和抗重力训练装置,还配备了分段计时、反应、速度和灵敏性测试功能。用户可以使用套装进行全身综合性的训练,同时通过分段计时功能监控训练时长,反应训练提升注意力和反应速度,速度测试评估跑步速度和爆发力,灵敏性测试检验身体的敏捷性。这些功能使便携式体能训练套装成为一款全面、便携且适用于各种健身水平和目标的理想选择。无论是在家中、户外或旅行中，都能随时进行个性化的体能训练和测试。

(3)便携分段计时系统

便携分段计时系统是一种具备多种功能的便携式计时设备。它能提供瞬时速度、分段平均速度、节点用时、全程用时等多种数据。该系统通过精确测量时间和距离，可以帮助运动员、跑步爱好者和健身爱好者监控他们的训练进度和成绩。无论是进行跑步、自行车骑行还是其他户外活动，用户可以轻松记录每个分段的数据，并对比分析不同阶段的表现。便携分段计时系统的便携性使用户可以方便地携带和使用，以提高他们的训练效果和达成目标。

(4)爆发力、力量和速度测试仪

爆发力、力量和速度测试仪是一种专门用于测量运动员产生爆发力、力量和速度的设备。它能准确地记录和分析运动员在特定动作或训练中产生的力量和速度数据。通过使用这种测试仪，教练员和运动员可以评估训练的效果、跟踪进展，并制订个性化的训练计划。这种测试仪通常包括传感器、计时器和数据记录系统，能提供精确的测量结果，帮助运动员和教练员优化训练方法和技巧，以提高运动表现和竞技水平。

(5)爆发力测试和监控系统

爆发力测试和监控系统是一种用于监测力量和功率曲线基准以及功率回转的专业设备。该系统能精确测量运动员的爆发力和力量输出，并实时显示力量和功率的变化曲线。通过对比基准数据，可以评估运动员的表现和进步。该系统还可以提供有关力量回转的信息，帮助运动员了解他们的力量输出在不同运动周期内的变化。这种高级监控系统为训练者和教练员提供了宝贵的数据，以优化训练计划和提高运动表现。

(6)数字化腿屈伸离心训练器

数字化腿屈伸离心训练器是一种先进的健身设备，具备多项评估分析功能。它可以测量和评估力量、爆发力、屈/伸等长收缩肌力比值、屈/伸等长收缩比值以及屈/伸膝等长收缩对称性等数值。这些数据提供了全面的身体训练反馈,帮助用户了解肌肉力量、平衡和对称性等方面的表现。数字化腿屈伸离心训练器利用先进的传感技术和数据分析算法,提供精确、可靠的评估结果,帮助用户优化训练计划,改善身体素质和运动表现。

(7)速度力量反馈系统

速度力量反馈系统是一种能多角度测量杠铃运动速度的先进技术。该系统结合了传感器和数据分析软件,能准确测量杠铃在训练过程中的速度和力量输出。通过实时反馈和数据分析,用户可以了解他们的训练效果和力量表现,从而做出相应的调整和改进。速度力量反馈系统广泛应用于训练和竞技领域,帮助运动员和健身爱好者优化他们的力量训练,并提高爆发力、速度和力量输出。这一先进的技术为训练者提供了更精确的数据和反馈,帮助他们达到更高水平的训练效果。

(8)便携式跳跃测试系统

便携式跳跃测试系统是一种用于测量人体垂直跳跃能力的便携式设备。该系统包括一个传感器和一个显示屏,具有简单易用的特点。使用者可以通过将传感器固定在身体上,进行垂直跳跃动作并触发传感器,系统将自动记录跳跃的高度和时间。通过显示屏不仅可以即时查看测量结果,还可以将数据传输到计算机或智能手机上进行进一步分析。这个便携式跳跃测试系统不仅适用于专业运动员和教练员,还可以广泛用于健身爱好者和体育教育领域,帮助人们评估和监测垂直跳跃能力的进展。

(9)敏捷反应测试训练与监控系统

敏捷反应测试训练与监控系统是一种针对个体反应速度和精准性进行训练和监控的系统。它通过结合先进的传感器技术和数据分析算法,实时记录个体的反应时间和准确度。该系统提供多种精心设计的反应训练模式,旨在提高个体的反应速度和决策能力。同时,系统还能生成详细的训练报告和统计数据,帮助用户评估训练效果和进步情况。敏捷反应测试训练与监控系统广泛应用于体育训练、职业培训、医学研究等领域,为用户提供个性化、科学化的反应训练和监控方案。

(10)无轨迹速度爆发力训练台

无轨迹速度爆发力训练台是一种专门设计用于提升运动员速度和爆发力的训练设备。该训练台采用先进的技术和创新设计,使运动员在没有任何限制或轨迹的情况下训练。通过使用该训练台,运动员可以进行速度、爆发力和敏感性训练,以提高他们在竞技场上的表现。这个训练台的设计可以根据不同的训练需求进行调整,方便运动员进行个性化的训练。它提供了一种安全、高效和刺激的训练方法,帮助运动员达到更高的速度和更强的爆发力水平。无轨迹速度爆发力训练台已成为许多专业运动队和训练机构的首选设备,对追求顶尖表现的运动员来说是不可或缺的工具。

(11)团队或个人心率监控系统

团队或个人心率监控系统是一种专门设计用于实时监测和记录心率的系统。它通过使用传感器技术和先进的算法,能准确地测量用户的心率数据。该系统可以以小型便携设备的形式存在,如智能手表、胸带或手持设备,还可以通过蓝牙或其他无线技术与手机或计算机等设备连接,将心率数据传输到相应的应用程序或平台上进行分析和记录。团队或个人可以使用这个心率监控系统来实时了解自己的心率状况,监测身体健康,优化运动训练或者在需要时进行健康干预。

二、大数据技术在体能训练监控中的应用

大数据技术的介入,使体能训练数字化、实时化监控成为现实,训练即监控、监控即训练,在力量与爆发力训练、神经反应速度训练、耐力训练过程中开展实时监控,以及对运动员进行综合竞技状态监控,为运动员的表现提升提供科学支撑。

(一)力量训练的数字化监控

力量训练/抗阻训练是体能训练的重要内容之一,传统阻力训练强度主要是基于个体 1RM 百分比,即采用百分比力量训练法。这种训练有其明显的局限性:耗时性、灵活性与实时性低、忽略个体状态波动等。

1. 基于速度的力量训练监控

近年来,随着大数据技术在体育领域的广泛应用,基于速度的力量训练方法逐渐受到国外的普遍认可。这种方法基于个体负荷速度曲线,通过实时测量运动员在一定负荷下重复完成动作的速度,并根据个体每日波动下的移动负载状态和能力来调整负荷,实现对训练进行监控和调整。

基于速度的力量训练方法被视为一种"自动调节"形式,既可以作为训练方法,也可以作为监控手段。教练员可以根据训练目的,在特定速度区域内跨不同负荷区间进行力量训练,相比传统的基于百分比的训练方法更高效、更精准。作为监控手段,基于速度的力量训练可以更精确和客观地量化力量训练的强度。通过衡量速度损失、速度截止和最小速度阈值等指标,进一步完善了力量训练的监控体系。基于速度的力量训练对提升力量和爆发力的效果更为显著。

目前,用于基于速度的力量训练的仪器和技术逐渐多样化,其可靠性也得到了证实。例如,高速视频分析仪和三维运动捕捉系统等技术可以测量运动速度、移动负载速度和负荷完成重复速度,并搜集运动学和动力学信息,为教练员提供量化的数据。基于速度的力量训练方法将速度从仅仅作为成绩指标转化为客观实用的监控工具。

2. 飞轮离心训练监控

飞轮训练器是当前离心力量训练中实现可视化数字监控的主要工具。这种训练器采用飞轮离心装置,能改善最大力量和其他相关力量指标。飞轮离心超负荷训练能带来多项益处,包括肌肉质量增长、最大主动收缩能力提高、重复最大力量增加、肌肉力量增强、跳跃能力提高以及跑步速度提升等。

飞轮离心训练器通过其独特的设计和运动原理,可以提供高度可视化的数字监控。运动员可以实时监测自己的训练参数,如功率输出、速度、距离和心率等。这种数字监控的方式使训练过程更加科学和精确,能更好地评估和调整训练强度和效果。

飞轮离心训练器的使用有两项主要优势:(1)提供了定量的数字监

控,使运动员和教练员能更好地了解训练过程和进展情况。(2)具有可调节的阻力,可以根据个体的能力和训练目标进行个性化调整。此外,飞轮离心训练器具有较低的冲击力和较小的受伤风险,适合广大人群进行力量训练。

(二)速度训练的数字化监控

许多竞赛项目在竞赛规则的约束下,竞技本质是不同形式的竞速,大数据技术为不同速度能力的测试与训练监控提供了新的手段。

1. 反应式动作速度训练监控

反应式动作速度监控训练是一种用于提高运动员速度和反应能力的训练方法,通过监控和评估运动员在不同动作中的反应时间和执行速度,为训练和表现提供有针对性的反馈和指导。这种训练监控方法在体育竞技、军事训练和许多其他领域都有广泛的应用。

反应式动作速度训练监控依赖于先进的传感器技术和数据分析系统。常用的监控设备包括高速摄像机、光电门、运动捕捉系统和惯性测量单元(IMU)等。这些设备可以准确地捕捉运动员的动作和时间数据,并将其传输到计算机系统进行实时分析和反馈。

在训练过程中,运动员完成各种不同的反应式动作速度训练任务,如起跑、转向、变速和刹车等,通过监控设备记录下运动员的起始时间、终止时间和动作执行时间等关键数据,系统可以计算出运动员的反应时间、加速度和速度等参数。这些数据可以与事先设定的目标数值进行比较,并通过实时反馈来指导运动员的训练和提高成绩。

通过反应式动作速度训练监控,运动员可以获得以下四种好处。

(1)提高反应速度,通过不断进行反应式动作速度训练,运动员可以提高其神经系统的反应速度和执行速度。系统的实时监控和反馈帮助运动员意识到自身的改进空间,并激励他们更加专注和努力地训练。

(2)优化技术细节,训练监控系统能准确捕捉运动员的动作细节,帮助教练员发现和纠正技术问题。通过分析数据,教练员可以识别出运动员在不同动作中的弱点和改进方向,并针对性地进行训练计划的调整。

(3)个性化训练计划,训练监控系统可以根据每个运动员的表现和需求,为其制订个性化的训练计划。通过对数据的分析和比对,系统能确定每个运动员在不同动作中的优势和劣势,并为其量身定制适合的训练方案。

(4)模拟比赛和应对压力,训练监控系统可以模拟比赛场景和压力环境,帮助运动员提前适应和应对竞争中的挑战。通过实时反馈和竞争模拟,运动员可以增强自信心,并更好地掌控比赛中的决策和执行。

总之,反应式动作速度监控训练是一种先进的训练方法,通过实时监控和分析运动员的动作和时间数据,提供个性化的反馈和指导,帮助运动员提高速度和反应能力。这种训练监控方法在提高竞技表现、优化技术细节和个性化训练计划等方面具有重要作用,并在体育领域得到广泛应用。

2. 快速收缩复合练习训练监控

快速收缩复合训练是一种针对下肢爆发力训练的有效方法,已经通过多项研究得到证实。为了监控和评估快速收缩复合训练的效果,出现了一些数字化的工具和设备,其中包括智能跳跃垫(Smarts Jump)和Newton跳跃垫等。这些设备可以实时监测运动员在快速收缩复合训练过程中的关键指标,提供数据支持和反馈。

Smarts Jump和Newton跳跃垫是两种常用的数字化监控手段,用于测量运动员在快速收缩复合训练中的触地时间。这些跳跃垫装备了高精度的传感器系统,能准确测量运动员从跳箱落地时的触地时间。触地时间是衡量爆发力和反应能力的重要指标之一,通过监控触地时间,教练员和运动员可以了解训练的效果和改进的方向。

在许多需要快速爆发力的运动项目中,如篮球、足球、田径等,运动员的脚触地时间非常短暂。通过使用跳跃垫进行实时监控,可以精确测量每次着地的触地时间,并将其与预设的目标数值进行比较。运动员可以根据监控数据和反馈,调整训练强度和技术细节,以提高爆发力和反应能力。

这些数字化监控手段的使用带来了许多优势：一方面，提供了准确和实时的数据反馈，帮助运动员了解自己的表现和改进空间；另一方面，监控设备的数字化输出使数据分析更加方便和快捷，教练员可以根据数据结果制订个性化的训练计划。此外，这些设备的可移动性和易于使用性，使它们可以在不同训练场地和场合中灵活使用。

快速收缩复合训练监控的目标是帮助运动员提高下肢爆发力和反应能力。通过实时监测触地时间，运动员可以了解自己的进展和训练效果。这种数字化监控手段的应用在训练和竞技过程中起到了重要的辅助作用，促进了运动员的技术提升和训练效果的最大化。

(三)耐力训练的数字化监控

1. 周期性运动项目

周期性运动项目是指一类具有循环性质的运动，如自行车骑行、跑步、游泳等。这些项目通常涉及长时间、高强度的运动，对运动员的能量代谢和耐力要求较高。在周期性运动项目中，监控运动员的关键参数和指标对评估训练冲量、训练效果和提高竞技表现至关重要。

在周期性运动项目中，可以通过监控以下四个方面来评估运动员的能量代谢、训练表现和训练效果。

(1)完成距离和速度

通过全程距离和平均速度等指标，可以评估运动员在训练或比赛中的运动强度和效率。这些数据可以帮助教练员和运动员了解训练的强度和进展情况，并根据需要进行调整和优化。

(2)心率及其衍生指标

心率是反映运动员身体状况和运动负荷的重要指标。通过监测运动员的心率，可以了解其在运动过程中的心血管系统反应和耐力水平。同时，可以计算心率变异性(HRV)等衍生指标，以评估运动员的自主神经调节和恢复能力。

(3)训练冲量

训练冲量是指运动员在训练中所受到的负荷和刺激程度。通过监测运动员的训练强度、持续时间和恢复情况,可以评估训练冲量的大小。这有助于确定适当的训练负荷和恢复策略,以提高运动员的适应能力和竞技表现。

(4)运动后过量氧耗

过量氧耗是指运动结束后持续消耗氧气的现象。通过监测运动员的过量氧耗水平,可以评估其身体对运动的代谢适应和恢复能力,有助于确定训练的长期效果和个体差异。

综合上述指标和数据,可以对周期性运动项目的训练进行综合评估。运动员和教练员可以根据监控结果调整和优化训练计划,以提高能量代谢、训练表现和竞技水平。

2.非周期性的训练方式

非周期性的训练方式是一种通过个人或团队心率监控设备来监测运动员在训练过程中的心率及其衍生指标的方法。这种方式能有效地帮助教练员和运动员及时掌握训练的强度,了解训练的效果,并根据不同的训练目的将心率控制在目标心率区间,从而实现对训练过程的实时调控,提高训练的针对性和有效性。

心率监控设备可以是各种类型的传感器和监测器,如心率带、智能手表、胸带等。这些设备可以准确地测量运动员的心率,并根据心率数据计算出衍生指标,如运动员的心率变异性、燃脂心率区间、有氧心率区间等。通过监测这些指标,教练员和运动员可以了解训练过程中的身体反应和适应情况,从而做出相应的调整和优化。

非周期性的训练方式可以应用于各种不同的运动项目和训练目的。无论是耐力训练、力量训练还是间歇训练,监控心率都可以帮助教练员和运动员更好地控制训练的强度和时机。例如,在耐力训练中,教练员可以根据运动员的目标心率区间来设定训练强度和持续时间,以达到最佳的有氧训练效果。在力量训练中,监控心率可以帮助教练员确保运动员在适当的心率区间内进行高强度的力量训练,以提高肌肉力量和耐力。

此外,非周期性的训练方式还可以帮助教练员和运动员评估训练的效果。通过比较不同训练周期内的心率数据和衍生指标,可以了解训练的改善情况,判断训练计划的有效性,并及时调整训练策略。这种实时的反馈和调控机制可以提高训练的针对性和有效性,使运动员能更好地适应训练负荷,提高竞技水平。

总结起来,非周期性的练习方式通过个人或团队心率监控设备实时监测运动员的心率及其衍生指标,帮助教练员和运动员掌握训练强度和效果,调控训练过程,提高训练的针对性和有效性。这种方式对不同类型的训练和运动项目都具有广泛的应用价值,可以帮助运动员取得更好的训练成果和竞技表现。

3. 对抗类项目

对于对抗类项目,如格斗类项目和球类项目,运动员的耐力是取得竞技优势的关键之一。在这些项目中,高强度间歇无氧耐力是耐力训练的主要形式。通过数字化监控运动员的心率及其衍生指标,可以有效地提升训练的质量和效果。

在对抗类项目的耐力训练中,心率监控设备可以帮助教练员和运动员掌握训练的强度和间歇周期。高强度间歇训练通常包括一段时间的高强度运动,紧随其后的是一段较短的恢复期。通过监测运动员的心率,可以确保他们在高强度运动期间达到目标心率区间,并在恢复期间让心率适当下降。这种训练方式可以增强肌肉的无氧耐力,提高短时间内的爆发力和恢复能力。

通过数字化监控,教练员和运动员可以实时获取心率数据和衍生指标,如最大心率、平均心率、心率变异性等。这些数据可以帮助教练员评估运动员的耐力水平,并根据实际情况调整训练。例如,如果一个运动员的心率在高强度间歇训练期间无法达到目标心率区间,可能需要增加训练的强度或延长高强度运动的时间。相反,如果一个运动员的心率在恢复期间无法适当下降,可能需要增加恢复时间或改变恢复方式。

此外,数字化监控还可以帮助教练员和运动员分析训练效果。通过比较不同训练周期内的心率数据和衍生指标,可以评估耐力水平的提高情况,并确定训练计划的有效性。如果运动员的心率数据显示出持续的改善趋势,这表明训练计划是成功的。反之,如果心率数据没有明显的改善或出现退步,可能需要重新评估训练策略并进行调整。

数字化监控还可以提供数据分析和记录的功能。教练员可以记录每次训练的心率数据和衍生指标,建立运动员的个人数据库。通过分析历史数据,可以了解运动员的训练进展和潜力,并为制订更精确的训练计划提供依据。同时,数据分析还可以帮助教练员发现潜在的问题或异常情况,及时进行干预和调整。

总之,数字化监控运动员的心率及其衍生指标在对抗类项目的耐力训练中具有重要作用。通过监控心率,教练员和运动员可以掌握训练强度和间歇周期,实现高强度间歇无氧耐力训练的最佳效果。同时,通过数据分析和记录,可以评估训练效果并进行精细化调整,以提升运动员的竞技水平。

第二节　新媒体时代运动训练模式的创新

探讨新媒体技术与大学生运动训练相结合的可行性及优势,就需要从运动训练的主体——大学生着手。大学生热情、活泼、乐于接受新生事物,新媒体技术因其符合大学生的特点,一经推出就深得大学生的喜爱。兴趣是最好的老师,将兴趣和相对枯燥的基础运动训练结合起来,对调动大学生训练的积极性、主动性可以起到明显的促进作用,运动训练效果也必将事半功倍。

一、新媒体时代大学生运动训练的新特点

(一)迎合了大学生的年龄特点,激发其学习兴趣

大学生的年龄决定了他们对活泼、新鲜、有趣事物的喜好,对枯燥乏味、一成不变的事情往往难以产生兴趣并持久坚持。在运动训练领域,基础训练阶段通常相对枯燥,如何激发大学生对训练的兴趣和热情成为教

练员需要思考的问题。而在新媒体中，存在许多新鲜有趣的体育运动游戏，如足球、篮球、高尔夫等模拟竞技游戏，这些游戏可以让大学生在体验竞技体育乐趣的同时，不知不觉地了解运动和比赛的规则，培养对专业领域的兴趣。许多在平时训练中难以理解的战术和战略，也可以通过游戏更好地体会和运用。

利用可穿戴智能设备，如运动手表等，可以将运动数据上传到朋友圈进行分享和竞赛。这样不仅培养了大学生的竞争意识，而且为了展现最佳形象和运动成果给他人，大学生运动员的投入和积极性也大幅提高，训练效果也能得到快速提升。

通过以上方式，可以引导大学生通过游戏和可穿戴智能设备参与运动，从而激发他们对训练的兴趣和热情。这种结合游戏和科技的方法不仅让训练过程更有趣味性，还能加强大学生的学习和理解能力，以及培养他们对运动的热爱和专业领域的兴趣。同时，通过分享和竞赛的方式，还能促进社交互动和竞争意识的培养，进一步提高大学生运动员的积极性和主动性。

(二)新媒体的直观性可以更好地展示训练的技术内容

我国过去在大学生运动训练上存在一种弊端，被称为"三早"，即早期进行高强度的体能训练、追求早期成绩，以及早早结束运动生涯。这种模式导致了我国大学生在早期取得了很好的运动成绩，但成年后却很难在世界舞台上保持领先地位。同时，这种过度强调早期体能训练的做法也容易导致大学生运动员在身体未成熟的情况下承受过大的训练负荷，增加运动损伤的风险，对运动生涯产生不利影响。

大学生的运动训练与成年运动员存在着差异，更应该注重知识、技能和协调性的教授和训练，而不是过度强调不符合自然发育规律的高强度体能训练，从而透支了他们的发展空间。① 在这方面，新媒体在体育知识、技术动作分解和传播方面具有显著优势，更符合大学生运动员的学习

---

① 白震,李德玉,史国轻.大学体育与户外运动[M].长春:吉林人民出版社,2021.

和训练需求。

新媒体技术可以通过直观形象的方式将枯燥的动作描述和讲解呈现出来。通过视觉和听觉等多感官刺激,深化运动员对动作特点的理解,激发他们自觉地学习和模仿。新媒体的运用使大学生运动训练进入了直观形象化教学阶段,有利于大学生运动员在文化理论和技术动作方面进行规范学习,为今后的运动训练奠定坚实的理论基础,建立正确的动作姿态模式。

通过运用新媒体,教练员可以借助视频教学、互动应用程序和社交媒体等工具,为大学生运动员提供更直观、丰富的训练内容和教学资源。他们可以将体育知识、技术动作的分解与讲解以及优秀运动员的示范通过新媒体平台广泛传播,让更多的大学生运动员受益。这种方式不仅能提高训练效果,也能提升大学生的学习兴趣和参与度。

同时,新媒体的应用还可以为大学生运动员提供在线交流和学习的平台。他们可以通过网络社群和线上竞赛与其他大学生运动员互动,分享训练心得和经验,共同进步。这种社交互动不仅有助于培养大学生运动员的竞争意识和团队合作精神,也能促进他们在训练中的成长与进步。

(三)互动性有利于增强师生、队员之间的交流,增强凝聚力

新媒体技术的出现极大地改变了人与人之间的沟通方式,实现了即时的交流和反馈。在过去,运动训练中的师生交流主要限于课堂上的教学,而由于对教练的敬畏,运动员与教练之间的交流相对较少。然而,通过微信、微博、朋友圈等新媒体平台,大学生运动员可以更加自由地通过文字、音频、视频等方式及时向教练反馈自己在训练中遇到的问题,获得教练的实时指导和建议。

大学生运动员之间也可以通过转发、点赞、评论等互动方式进行交流。这种交流的增加使团队的信任度和凝聚力显著提高,对需要团队合作的运动项目来说,具有非常重要的意义。通过新媒体平台的互动,大学生运动员可以分享彼此的训练心得、经验和成果,相互鼓励和支持。这种团队之间的交流和互动不仅促进了友谊和合作,还有助于提升整个团队

的整体水平和表现。

此外,新媒体技术还为教练员提供了更广泛的资源和信息,可以通过在线教学、视频教程等方式向大学生运动员传授知识和技能。教练员可以利用新媒体平台发布训练计划、技术讲解和战术分析等内容,使运动员可以随时随地学习和训练。大学生运动员可以根据自己的时间和需求自主选择学习的内容,并在需要时向教练进行进一步的咨询和解惑。

总的来说,新媒体技术的应用使大学生运动训练中的交流和反馈变得更加便捷和及时。通过与教练和队友之间的互动,大学生运动员能更好地理解和应用教学内容,解决问题并不断提升自己的训练水平。同时,新媒体平台还能促进团队合作、增强团队凝聚力,为大学生运动员的成长和发展提供有力支持。

(四)数据及时传输和分析功能为运动训练的效果助力

为了确保大学生运动训练的质量达到标准,监测和评估运动员在训练前后的身体指标和训练效果是非常重要的。传统的训练模式中,通常依靠人工记录这些数据,但其时效性和准确性存在一定的局限性。然而,随着智能穿戴设备等新媒体终端的出现和应用,数据的实时传输和分析成为可能,为教练员提供了更全面的训练过程跟踪和评估手段。

智能穿戴设备,如运动手表、智能手环等,可以搜集和记录运动员的运动数据,如心率、步数、消耗的热量等。通过这些设备,教练员可以实时了解运动员的身体状况和运动状态,对训练过程进行全程跟踪掌握。同时,这些设备还能将数据传输到云端进行存储和分析,为教练员提供更深入的数据对比和评估。

利用新媒体技术,教练员可以通过专门的应用程序或在线平台搜集、整理和分析运动员的数据。这些平台通常具备数据可视化的功能,以图表、图像等直观的方式展示数据,使教练员更加直观地了解运动员的训练情况和效果。通过对比分析不同时间段的数据,教练员可以及时发现运动员的优势和不足,并相应地调整训练内容和强度,以提升训练效果和个人能力。

此外,新媒体技术还提供了团队合作和数据共享的便利。教练员可以通过云端平台将运动员的数据共享给其他相关人员,如医生、营养师等,以便他们共同协作,为运动员提供更全面的健康管理和训练指导。团队成员之间也可以通过在线平台进行讨论和交流,共同探讨数据分析的结果和训练方案,进一步提高训练质量和成才率。

综上所述,新媒体技术的应用为大学生运动训练提供了更准确、实时的数据监测和评估手段。通过智能穿戴设备和在线平台,教练员能够全程跟踪运动员的训练过程,及时调整训练内容和强度,提升训练质量和成才率。这种数据驱动的训练方式有助于大学生运动员的个人成长和发展,并为他们在竞技体育中取得更好的成绩奠定了坚实的基础。

二、新媒体在大学生运动训练中的实际运用

(一)加强视频功能的运用

对于视频功能的运用,可以是运动训练前要求大学生自己先搜索相关训练内容提前进行了解;也可以是教练课上采用比较专业的手段对相关网络视频进行讲解和分析,灵活运用视频的快进、慢放、重放功能,对技术的难点和要点进行重点提示和加强教学;还可以推荐大学生课下观看需要加强的相关动作视频进行练习。视频的形象化和专业化可以加强大学生对教练口头描述的记忆和理解,配合实战视频赏析,逐步提高大学生对运动的兴趣和竞技的水平。

(二)善于运用录像辅助教学

在教学阶段,新媒体终端设备,如智能手机、平板电脑等的运用对动作姿势的纠正和改进起到了很大的便利作用。学生可以通过这些设备将自己的动作姿势录制下来,并方便地与专业视频进行对比。这种对比分析可以帮助学生更加准确地识别和纠正动作中的问题。

通过将自己的动作姿势录制下来并与专业视频对比,学生可以发现自己与专业水平的差距。这有助于他们意识到自己的不足之处,并通过修正和改进来提高自己的技能水平。此外,如果学生在对比过程中遇到

困惑或问题,他们可以将录像发送给教练请教。教练可以通过观看录像并提供指导和建议来帮助学生改善动作。通过多次录像对比和教练的指导,学生可以逐渐缩小与规范动作之间的差距。

录像不仅可以用于动作姿势的纠正,还可以帮助学生确定自身训练中需要加强的方面。通过观看录像,学生可以直观地看到自己的训练状态和表现,并发现自己在哪些方面需要更加努力和加强训练。这使他们能有计划、有针对性地进行相应的训练,以进一步提升自己的技能和能力。

另外,新媒体技术还可以通过在线平台或社交媒体的形式,将学生的训练录像与其他同学共享和交流。学生可以相互观看、评论和分享彼此的训练录像,从而促进团队合作和共同进步。这种互动和交流的机制可以为学生提供更广阔的学习和成长平台。

(三)引入"微课"教学模式,为训练增添新活力

"微课"是教练针对某个知识点或难点、要点等录制的相关教学短视频。教练提前确定短视频要传递的主要核心内容,准备简短的介绍和总结,将技术动作配合讲解录制为1~3分钟的短视频,布置课后任务并上传到网络供运动员学习和使用。大学生可以根据情况自由选择学习进度和内容,并完成教练布置的任务,还可将学习录像回传给教练得到反馈指导。自我感觉不错的录像可转发朋友圈得到队友和亲友的点赞和鼓励,增加大学生运动训练的信心和成就感。调查显示,相比传统录像和视频时间长、更新慢的问题,微课教学具有主题鲜明、时间短、效率高、互动性好等特点,深受大学生运动员的喜爱。

第三节 虚拟技术在运动训练领域的创新

虚拟现实(VR)是一种计算机生成的可交互、沉浸式的技术,通过模拟环境、感知、自然技能和传感设备等要素,创造出具有逼真感的虚拟三维仿真空间。这项技术在各个领域都展现出了巨大的潜力和应用前景。

在游戏、直播、影视等领域,VR技术已经得到了广泛的应用和认可。通过VR技术,用户可以沉浸于游戏世界中,获得更加身临其境的游戏体验。在直播和影视领域,VR技术可以为用户提供更加沉浸式的观影体验,让他们感觉自己身处于电影或演出的现场。在教育领域,VR技术可以为学生创造出沉浸式的学习环境,增强他们的学习效果和兴趣。

一、VR运动训练平台建立可行性分析

互联网相关技术的发展,加快了运动训练与VR技术的紧密融合。[①] VR运动训练平台是虚拟现实技术在体育领域与游戏VR领域有机的结合。根据前期对训练场景、训练环境、训练对手、队友、场地、器材、动作模式、战术分析等数据的搜集和建模,使这些东西能精确真实地出现在穿戴设备中,针对教练员的安排能准确地将动作模式、战术配合等呈现在即将训练人员的眼前。再根据手持设备或皮肤表面刺激,让运动员在VR设备预先设置下,练习或比赛。

运动员在实际训练过程中,往往因为各种因素的影响,很难有效地完成训练任务。有了VR训练平台,可以大幅缩短一个运动员的成型期,紧密控制训练内容,增加训练的技巧且能降低受伤概率,这样的训练平台对初学者来讲十分友好,对教练员来说更不用费时费力地去针对个人技术动作的成型而烦恼。

二、VR训练平台建立目标

(一)运动员模拟训练

VR训练平台为教练们提供了一个方法,通过预先准备的数据来为运动员制订训练计划。在这套设备里,运动员能够执行一些在日常训练中可能比较危险的动作,并可以进行有针对性的单人或团体训练,以实现

[①] 郝萍,蔡赟.基于VR技术的ESPORT训练管理系统设计与实现[J].科技与创新,2023(1):45.

对新手动作的定型练习和对专业运动员的查漏补缺。

在平台的初始建设阶段,它会收集运动员的身体形态、运动方式、动作习惯等相关数据,并对这些数据进行深入的大数据分析。通过对运动员数据的深入分析,该平台能够展示出最符合他们需求的动作和战术体系,并将这些信息有效地展示在头戴式设备和训练投屏上。

此外,每当实战结束后,运动员都可以将对方运动员的个人信息、战术策略以及自己的实战数据输入到云数据平台中进行计算和收集。这种操作方式有助于在实际比赛中对数据进行深入的分析和概括,进而为训练提供更为全面的反馈和方向性建议。

借助 VR 训练平台,教练能够更为精确地为运动员设计训练方案,并根据运动员的个性和需求进行有针对性的培训。此外,运动员有机会在模拟环境中练习高风险的动作,从而提升他们的技术熟练度和反应速度。这样的模拟训练方法能够创造一个更为安全和可管理的环境,降低受伤的可能性,并为运动员创造更多的实践机会。

(二)赛事观赛

VR 训练平台将对每场比赛数据、双方队员特点进行搜集和建模,让每场比赛都能真实出现在训练平台中。能让教练和队员从不同角度观看双方比赛,对每支队伍或队员的发挥进行分析和应对。赛事直播中,NBA 一直追寻着为用户带来更好的观赛体验。VR 也成了他们的不二之选,他们与 NEXTVR 合作,采用 VR 实时直播的方式点播比赛,让用户身临其境,仿佛置身在比赛场中央或场边观赛。这是对观赛爱好者的福音,足不出户就能从现场各个角度观看自己喜欢的比赛,能让体验者感受到真实的体验效果。

三、构建完善的 VR 运动训练平台

平台的建设应有更多的硬件进行支持,包括教练员指挥系统、VR 动作捕捉器和捕捉系统、VR 多方位运动平台、VR 图像工作站、VR 生理数据采集系统、数据服务器、头戴成像装备等都是需要进一步构建和完善的

硬件设备。除了现阶段已有的传感器、穿戴设备等,一些更具真实性的设施也需要逐渐完善。目前来讲,还有许多人有3D眩晕症,正常人也不能穿戴这些设备太长时间,虚拟环境中的延迟性和色彩、眼睛的匹配度并没有达到很好的契合。所以,在建模与环境搜集和建设中,这也成为训练平台建设的关键要点。

(一)教练员指挥系统

让教练员在平台中具有指挥、训练、评估、突发情况处理、数据搜集、环境更换和战术安排等功能;能对运动员心理、身体状态进行检测和评估,安排训练方案;更换训练环境,让队员适应在不同环境下比赛和训练的状态和能力。

(二)VR动作捕捉器和动作捕捉系统

VR动作捕捉器能够在构建标准动作模型和进行队员训练的过程中,有效地收集和分析这些动作。在捕捉系统的大数据支持下,可以对动作的完成度、用力方向、关节压力等数据进行合理的分析和收集,并且可以根据个人的习惯设定训练建议,纠正错误的动作。

在比赛开始之前,教练可以依据观察到的对手过去的比赛模式、每一位对手的行为模式以及教练自己的战术计划,来为自己的队员制定相应的应对策略。在比赛过程中,有能力实时监测并收集对方队员的技术和战术变动,以及己方队员的即时数据,以便进行战术和人员的调整。能够迅速地调整比赛现场的状况,这极大地提高了教练对比赛的管理能力,同时也增强了比赛的观赏性。比赛结束后,通过在平台上对比赛进行实时回放和总结,我们可以找出自己的弱点并进行有针对性的训练。同时,我们还会更新数据库中的人员数据,以实现实时的分析和战术调整。在我们的日常训练和生活中,心理和生理监测系统都是不可或缺的。这些系统能够对队员的心理和身体状况进行详细的收集和分析,从而明确地划分队员的比赛时间,帮助教练科学地规划训练周期,并确保运动员在比赛开始前能够达到最佳的竞技状态。

(三) VR 多方位运动平台

VR 多方位运动平台利用了虚拟现实的技术手段,在真实的空间里进行了动态训练。在这个模拟的空间里,运动员有机会进行各式各样的动作训练,并且可以通过传感器连接来感知和捕获身体的各种动作。这个平台具备 360°全方位的动作捕获和感知能力,能够从多个角度详细记录和分析运动员的动作模式、方向以及力度。运动员可以通过与虚拟环境的交互来进行真实的动作练习,而系统会实时监控和反馈他们的动作。

VR 多方位运动平台的一大优点是它提供了高度沉浸式的用户体验和实时的数据反馈功能。利用虚拟现实的技术手段,运动员能够深入地体验到运动的每一个环节,从而提高他们在训练中的真实体验和参与感。此外,该系统能够实时地记录和分析运动员的动作数据,通过数据的反馈和可视化展示,运动员能够了解自己的动作表现,并据此进行及时的调整和改进。VR 多方位运动平台还能为每位运动员提供量身制订的训练计划和挑战,以满足他们各自独特的特性和需求。为了提升训练成果并实现更高的竞技表现,运动员可以基于自己的目标和技能水平来选择合适的训练策略和难度等级。

(四) VR 生理数据采集系统

VR 生理数据采集系统是一个专门用于监控和收集运动员在身体和心理方面状况的先进技术平台。该设备通过传感器与其他设备的连接,能够实时捕获并记录运动员的各种生理指标,如心跳频率、血压、呼吸频率和肌肉活动等。此外,该工具还具有分析和评价运动员心理状况的功能,包括但不限于焦虑水平、疲劳感以及压力状况。这套系统的核心目标是为了避免运动员因受伤或心理问题给训练带来负面效果。教练和医疗团队可以通过对运动员的生理数据进行监测,及时掌握运动员的健康状况,并识别可能存在的健康风险和问题。当系统侦测到运动员表现出不正常的状况,例如心跳过快、血压不稳定或明显的疲惫,系统会立即发出警告,并建议运动员得到适当的休息或寻求医疗专业的帮助。

除此之外,VR 生理数据采集系统也能协助运动员更为有效地管理和调整他们的训练状况。运动员可以通过实时监测和分析生理数据来了解自己的身体反应和疲劳程度,从而合理地安排训练计划和强度。此外,该系统还能为运动员提供定制化的建议和方针,以协助他们提升训练成效并维持身体健康状况。对于那些身体和精神健康状况都相对较差的队员来说,这种系统的运用显得尤为关键。该系有能力在问题出现的早期阶段进行识别和识别,并能迅速发出警告和提醒。同时,系统还可以提供针对性的建议,例如合适的休息和恢复方式,或者建议寻求心理辅导等,以保证他们的健康和安全。

(五)数据服务器

数据服务器在 VR 训练中扮演着重要的角色,它能搜集和储存来自各个方面的数据,包括图像数据、个人数据、战术配合和动作方式等。这些数据的储存和管理可以满足日常的 VR 训练需求,并提供数据支持和分析。

随着 5G 技术和大数据科技的持续进步,数据服务器将展现出更为丰富和强劲的功能特性。5G 网络因其高速和低延迟的特点,能够实现实时的数据传输和交互,从而为训练和比赛提供更迅速、更精确的数据支持。大数据分析技术能够深度分析大量的训练和比赛数据,从中提取有价值的信息和模式,为教练和运动员提供科学的训练指导和决策支持。

教练员可以通过数据服务器随时查看和访问运动员的训练数据,从而了解他们的训练进度和表现。这种实时的监控和反馈机制能够协助教练及时地调整他们的训练方案和方法,以便更有针对性地进行训练优化。此外,数据服务器为教练和运动员创造了一个交流和分享的场所,他们可以通过深入的数据分析和讨论,共同探索如何更好地制定训练策略和进行技术升级。

(六)头戴式或投屏式装备

头戴式装备可以将头部包裹在设备内,通过第一人称视角观察自身的运动动作与标准动作之间的差异,并提供差异范围以进行修正。这种装备能让运动员身临其境地感受训练环境,同时通过视觉反馈来纠正和改进动作。

投屏式 VR 设备是在一个相对较大的空间里进行训练的,通常会配备动作捕捉器和全方位的运动平台。在这套装备的作用下,标准的动作会被投影到屏幕的中心位置,允许运动员根据自己的实际情况进行相应的训练和修正。这套装备为运动员创造了一个无障碍的锻炼环境,允许他们从多个视角进行观察和调整。

应用这些虚拟现实设备为体育训练带来了众多的益处。首先,它们为运动员提供了一种仿佛身处其中的训练感受,使他们更深入地投入训练活动中。运动员可以通过实时的视觉反馈来清楚地观察自己的动作,并将其与标准动作进行比较和修正。这套装备还能为运动员提供定制化的训练计划和指南,通过分析运动员的身体数据和动作表现,系统能够提供有针对性的训练建议和改进方向。这种个性化的指导方式能够帮助运动员更有效地提高他们的技能和水平。

虚拟现实的设备还可以为我们提供各种不同的训练场地和场景,使得训练过程变得更为丰富和引人入胜。运动员有机会在模拟的虚拟环境中接受各种训练,模仿真实的比赛和运动场景,从而增强他们在实际比赛场景中的适应性和表现能力。

四、虚拟现实在体育训练中的创新实践

(一)设计体育训练仿真系统,构建标准体育技术动作

通常情况下,学校体育训练的核心目标是投入大量的时间和技能,并在训练过程中努力使体育动作达到更高的标准。如今,众多学校已经认识到虚拟现实技术的巨大潜力,并持续地构建与体育训练相关的仿真系统。这样做的目的是更深入地了解运动员在体育训练中的各种内容,并对他们在技术动作中可能遇到的问题进行深入分析。在这套指导系统中,我们为运动员制订了更为规范和科学的训练计划,从而帮助他们更好地进行训练,并进一步提高整体的体育训练效果。

体育训练仿真系统是基于计算机虚拟现实技术构建的,这要求体育

教师深入了解并熟练掌握虚拟现实技术的相关概念和应用方式,并根据学生当前的体育学习状况,为学生提供个性化的教学方案。利用虚拟现实技术在体育训练仿真中不仅有助于提升运动员的科学训练和竞技表现,更为关键的是,体育教师还可以在仿真系统中加入标准化的体育动作,并在计算机辅助下对这些动作进行分解。在这种情况下,学生不仅能更深入地了解自己的训练动作,还能在体育训练的指导原则中与同学和教师进行即时的沟通,从而逐渐提升体育训练的成效。为了对体育训练动作进行更深入的分析,我们可以利用计算机虚拟现实技术在仿真系统中创建科学的标准体育动作。通过将这些动作与实际的体育训练动作进行比较,我们可以识别出学生的体育训练与标准体育动作之间存在的差异,并根据这些标准动作持续地修正体育训练中的动作,确保在最短的时间内使其达到预定的标准。

(二)构建虚拟化体育训练环境,营造良好的体育训练氛围

在体育训练领域,计算机虚拟现实技术的创新性应用具有不可忽视的重要性。通过创建一个虚拟化的体育训练环境,我们能够为学生创造一个积极的训练环境,从而增强训练的吸引力和主动性。当学生在模拟环境中进行体育锻炼时,他们的热情和力量会得到更大的激发,从而更加专注于整个训练过程。

体育教师有能力根据学生的个人兴趣和需求,利用计算机虚拟现实技术来创建一个超现实的体育训练环境。通过指导学生迅速适应新的体育训练环境,有助于提高他们在体育训练方面的能力。教师有能力在模拟的试训环境里加入体育比赛的集中训练,鼓励全体学生热情参与,并对每周排名前三的学生给予奖励。这种竞技环境不仅能够点燃学生对训练的热忱,还能让他们在体育锻炼过程中深刻体验到竞技活动的乐趣以及训练活动的真正价值。多年来,在这样一个充满竞争的体育训练环境中,学生们的体育技能也得到了显著的提高。

利用计算机虚拟现实技术,体育教师可以设计出更有吸引力和激励性的训练方法,从而增强学生参与体育训练的热情和主动性。显然,虚拟

现实技术不仅为学生提供了真实运动场景的体验,同时也为他们提供了即时的反馈与指导,助力他们修正动作并优化训练成果。这样独特的培训方法可以有效地点燃学生的学习热情,并增强他们的积极性和投入度。

得益于虚拟现实技术的助力,体育教育有能力突破传统的时空束缚。学生有权在任何时刻和任何地方进行模拟训练,而不需要受到实际场地和设备的约束。这种方式为学生创造了更为灵活和便捷的学习环境,有助于他们在体育技能和个人素质方面得到全方位的提升。

(三)突破时间、空间限制,实现学校体育的异地互动训练

在体育训练中,计算机虚拟现实技术的运用打破了时间和空间的束缚,使得学校体育能够在不同地点进行互动式的训练。鉴于计算机虚拟现实技术的交互性特质,这使得我们可以在不同的地方进行体育训练的交互式实践。部分学校在进行体育竞技课程的训练时,不只是缺少标准的体育项目,还缺少一些前沿的体育项目,这导致了一些学生在对这些项目产生浓厚兴趣时,却难以进行适当的体育实践。因此,在计算机虚拟现实技术的支持下,学生可以在体育训练仿真系统中选择任意体育项目进行训练,并在该系统下学习其他学校的体育课程。这不仅丰富了学生的体育训练项目,还有助于提高学生的体育水平和培养他们的体育精神。

参考文献

[1]白真.社会转型期我国传统体育文化的价值体系与实现路径研究[M].上海:上海交通大学出版社,2021.

[2]曹丹.体育健康与体育教育学研究[M].天津:天津科学技术出版社,2018.

[3]陈斐斐.高校瑜伽健身指导研究[M].长春:吉林人民出版社,2020.

[4]程君杰.户外运动与拓展训练研究[M].长春:吉林大学出版社,2018.

[5]丁霞.大学生体育锻炼与户外运动[M].长春:吉林人民出版社,2021.

[6]杜国如.学校体育健康新视野[M].南昌:江西科学技术出版社,2017.

[7]冯世勇.体育文化与实践研究[M].北京:中国政法大学出版社,2019.

[8]康丹丹,施悦,马烨军.高校体育文化建设与大学生体育健康[M].长春:吉林人民出版社,2021.

[9]黎玉浓,刘威.大学体育与体育文化研究[M].延吉:延边大学出版社,2019.

[10]李春光.大学体育[M].天津:天津科学技术出版社,2019.

[11]邱建华,杜国如.体育与健康教学研究[M].南昌:江西科学技术出版社,2019.

[12]任晋军,王肖天.普通高校竞技体育品牌建设研究[M].上海:上海交通大学出版社,2020.

[13]邵林海.地方高校体育教师专业发展研究[M].北京:冶金工业出版社,2018.

[14]史祎.体育教学与运动训练康复研究[M].哈尔滨:黑龙江科学技术出版社,2023.

[15]汪云星.大学体育运动康复训练方法研究[M].天津:天津科学技术出版社,2017.

[16]王海源.现代体育与警务化训练研究[M].北京:中国法制出版社,2017.

[17]王体刚,王晓勇,魏志成.大学体育与运动训练方法研究[M].北京:现代出版社,2023.

[18]王维兴,张文星,胡俊.田径运动教学理论与竞训实践[M].沈阳:沈阳出版社,2018.

[19]文玉超,蔡正杰,沈寅豪.高校足球理论教学与实践训练[M].北京:研究出版社,2020.

[20]吴海琴,崔亚楠,王兴.大学体育运动与教学训练研究[M].长春:吉林科学技术出版社,2023.

[21]徐冬园.大学体育文化与健康研究[M].长春:吉林大学出版社,2016.

[22]张帅奇,苏雯,权华.大学生体育锻炼与心理健康问题研究[M].长春:吉林人民出版社,2020.

[23]赵金林.校园体育文化建设与实践探究[M].北京:中国书籍出版社,2018.

[24]郑柏香.高校健美操的教学与训练[M].北京:电子工业出版社,2019.

[25]周梅芳.大学体育运动与康复训练研究[M].西安:西安交通大学出版社,2017.

[26]周琪.大学体育教学与运动训练方法研究[M].重庆:重庆出版社,2023.

[27]朱海艳.体育艺术化趋势下的体育审美教育[M].北京:中国纺织出版社,2017.